柔らかく管理

ISBN: 1-5411-0506-0

追加注文は、お問い合わせ下さい。
BookSurge, LLC www.booksurge.com
1-866-308-6235 orders@booksurge.com

柔らかく管理

ベルトラン Jouvenot

2017

柔らかく管理

目次

はじめに

非暴力主義（NVP）の管理に管理コンセンサスの終わりから　*xv*

パート3：NVP の管理の原則

セブンクロス原則

非暴力主義の管理

パート4：学習することは？　明日管理の仏、ガンジーとグレイシーから何を学びますか？

パート5：トゥモロー・モーニング
21個のシンプルなものが起動します
あなたの会社での非暴力主義の管理

この本：

新しい代替リーダーを描いています。

初めてこれらの指導者を比較します。

NVP 管理：新しい理論の原則を設定します。

NVP 管理は、次に起動するために、組織、業務、価値、トレードオフ、チームや人を管理することが可能な新しい方法、コーポレート・ガバナンスとして提示します。

明日の朝とすぐに会社に NVP 管理を実装するために 21 のアイデアを提供します。

20 以上の新しい管理の概念を提案しています。

思考の新しい分野を提供しています。

ビジネスの世界について考えるための新しい方法を提供します。

私たちは私たち自身の考え方の囚人、共通の信念、フレームワーク、および現在のマンジメントコンセンサスから継承された思考のスキームであり、どの程度に実現することができます。

本当のブレークスルーを提供し、この管理コンセンサスを超えました。

管理文学の「キュービクルから考える「通常の外に考えています。
明日の経営者や急速に変化する世界の指導者のための新しい実行アップを提供します。
ベルトラン Jouvenot は、ル・ジャーナル・デ・ BJ の au 局（2004 年）のフランスとアジアのベストセラー作家であるモード＆インターネット（2009）、ウェブ（2013）のインサイドストーリー。
ソルボンヌ大学卒業、彼はプロの功績を認められ、誰が
2001 年から 2002 年版の国際にノミネートされています。
また、彼は教師とスピーカーです。
www.jouvenot.com ではではより多く

はじめに

マネジメントの終わりから

非暴力主義（NVP）管理へのコンセンサス

　　個人へのグループから、ローカルスケールにグローバルから、古代年代から今まで、世界の歴史を見ると、暴力の原則はキードライバーとして現れます。

　　文明は、個人が互いに競争等されている、人々のグループは、互いに対向されており、互いに戦っています。　これは、経済の世界ですべて同じです：企業が市場シェアを獲得するために実行し、組織が持続可能な競争優位性を保つために戦い、従業員が組織のピラミッド内部の位置を得るために騎手、執行 comities は、というように戦略的な向きが最良であることをウォール街を納得させるのに苦労し。

　　私たちの文化の中に深くから我々が当たり前のこの暴力の原則がとられています。　私たちは永遠にアメリカの感動米国ではバージニア州の最初の英語のコロニーを形質転換するのに苦労してきました。ところで、トーマス・ジェファーソンは、我々はこれらの真理が自明であることを保持」、1976 年に書いた：すべての人が同じように作られていること。　彼らは彼らの創造主によってある種の譲り渡されない権利を与えられている。これらの中でそれは生命、自由及び幸福追求している。「その結果、我々は明らかに我々が生活のためにとの生活の中で苦労する必要が認める、その成功は、競争志向であることは、両方が不可欠である、とすることを一生懸命努力の結果であり、貴重な

　　したがって、我々は大手になりましたからである経済界は、この暴力の原則を中心に構築し、3 本の柱の上に構築管理合意に描画されます。

- 最高経営責任者（CEO）スーパーヒーローから燃え尽き国境を接する従業員への徒;
- 株主、取りつかれ上の 20％のリターン。
- 勝者のゲームをプレイする思想家、。

すべての 3 人は、暴力の原則を守っていることを認めないでいるかのように生きています。

しかし、世界の歴史を詳しく見てみると、激しい戦いに巻き込まれ、非暴力原則（NVP）を使って素晴らしい勝利を収めてきた 3 人の傑出した男が明らかになりました。

仏は世界的なレベルで霊的時代に成功しました。彼は自分の時代の既存の宗教よりも柔らかい代替宗教（仏教）を発明しました。　25 世紀後、地球上の人々の半分近くが仏教徒であると宣言しています。非暴力原理は、宗教そのものから人々がそれに来た方法までの仏教に内在しています。

ガンジーは大陸規模の政治圏で成功した。彼は 20 世紀に英国の植民地主義に戦いました。彼は政治的に敵対者と闘う形で非暴力原理に従ってインドの独立を得た。

RicksonGracie 武道レベルでスポーツに成功しています。彼は武術の優位性を実証しました。Graciejiujitsu、他の武術と比べて、2 人の男性の間で 450 試合の無敗記録を記録しました。非暴力原理は彼の武道の一部であり、彼はすべての相手を倒すために彼が従った方法です。

本書の目的は、3 人の例外的な男性からレッスンを引き出し、明日の管理のための重要な成功要因として非暴力の原則を確立することです。本書の題目は、現在のマネジメントのアプローチを今後数十年の成功のために再訪、充実、完了しなければならないということです.

本は 5 つの部分に分かれています。

最初の部分は事実志向であり、非暴力の原則（NVP）を使用して、巨大な勝利戦い、勝った 3 人の男性紹介：仏、ガンジー、グレイシーを。

1.　第二部は、分析され、そのように勝つために、それらはすべて共通している 21 の特性を明らかにする。

3 番目の部分は、理論と非暴力の原則管理（NVP 管理）7 原則を設定しています。

第四の部分は、実際に配向され、明日のビジネスや経営のための仏、ガンジー、グレイシーから学ぶために何を研究しています。

2.　第五の部分は、アクション志向で、早ければ明日の朝など、社内の NVP 管理を注入開始するためにシンプルなものの 21 のアイデアを提供します。

この本は、私たちが考え方、共通の信念、フレームワーク、思考のスキーム、経営合意のすべての部分であるどのくらいの囚人実現をしようとします。　これは、代替的な考え方やアイデアを提供し、経営コンセンサスマトリックスから私たちを解放します。　　それは、新しい指導者を protrays 経営管理分野の範囲」キュービクルの外に考えて「いつものを追い越し、我々は 20 世紀に知っていたもののように見えることはありません明日のマネージャーや世界の指導者のための斬新なアイデアを提供します。

私たちの考え方は、線形ではなく円形です。読者の便宜のために、順次計画にもかかわらず、この本の 5 つの部分が 5 転がり円として考えることができるので、それぞれが次の栄養、前者によって供給される各 1.

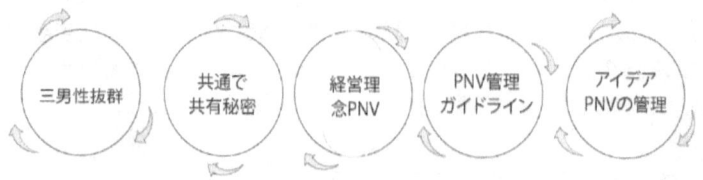

第 1 サークル（パート 1）は仏、ガンジー、グレイシーロールを描き、第 2 サークルの基礎を提供する（パート 2）。

　第2サークル（パート2）は、第3サークル（3部）に栄養を与える仏、ガンジー、グレースの共有共通秘密を研究する。

　第3サークル（パート3）は、第4サークル（パート4）に奉仕する非暴力主義管理（nvp 管理）の7つの相互原理を確立する。

　4番目のサークル（パート4）は、nvp 管理の導入に関するガイドラインを提供し、5番目のサークル（5番目）は、nvp 管理の設定に関するアイデアに専念しています。

　全体的に見れば、それは霊的な呼吸に似ており、息を吐き出す。最初の2つのサークルは、nvp 管理を確立するために要求された要素を提供し、息が入っています。3番目のサークルは、息の息と息の間の短い瞬間に対応します。この瞬間に nvp の管理について説明します。最後の2つのサークルは、3つの元のものから学び、息を吐き出します。

　だから、この短い本を一度に読むことをお勧めします。これは読者の心が、本が何を提供しているかを完全に理解するためのフリーホイールとしての滞在を助けるかもしれない。

　この本は将来的かつ規範的である。明確で簡潔であり、理論と実践の相乗効果をもたらすように書かれています。この本は変更管理のための宣言の何かを持っています。それは行動を促す言葉です。

　異種のフィールド間の接続は特にそうでないことが明らかであった真実を明らかにするために特に好ましい。

　この本は企業などの組織に意図的に集中しています。この本で議論された提案された変更は、世界的なコーポレートガバナンスに関する限り、単純な企業を超えて進んでいます。

　経営者が商品となっているビジネスの世界では、はるかに多くの調査結果と他の山よりも、この本の中で新たな入力があります。でも管理分野に最も精通し本物の突破口として、この本を検討します。 他の人

は、隕石のように見えますが、柔らかいままです。両方が変化としてそれ
を考えるだろう。　いずれにしても、この本は、おそらく管理コンセンサスか
ら私たちを解放する最初のものです。

パート1:3
エクセプショナルメンズ
の信じられない成功
仏、ガンジーとグレイシー

　仏、ガンジー、グレイシー：その部分で3例外的な人を長
引かせます。　私たちこの本の残りの出発点を提供するために、

それぞれの生活、巨大な戦いと驚くほどの勝利に焦点を当て
ます。　この最初のローリングサークルしたがって志向ではな
く、歴史的な事実です。　それは深いと遅い精神的な呼吸の始
まりを構成します.

1. 仏：シッダールタから世界的な仏教へ

世界の歴史は 5 精神的なトレンドの周りに引き寄せ宗教の驚くべき数によって濃縮されています：ユダヤ教とキリスト教、Mahometanism、ヒンドゥー教、仏教と中国の宗教が、それらのいくつかは古くから生き残ってきました。

仏教は非暴力主義を介して他の宗教の中で生き残りました。

567 と 487 紀元前の間に生まれ、インドのカピラバストゥに、シッダールタゴータマは喜びの気楽な生活と王子でした。しかし、彼は人間の苦しみの中心部に免疫が残ることができませんでした。　彼は彼の chariot の御者のために呼ばれる 30 歳の時、彼の馬を求め、永遠の背後にある彼の宮殿の生活を残しました。　このように、宗教的な歴史のエピソードが発足した最も重要なも中で その後、仏教の文献はそれグレート放棄ダビングすることでした。

まず、彼は間違った道を歩いた。 2 人の教師のもとで彼は侵入し易い意識状態に入ることを学びました。感動しなかったシドハルタ 2 人の男を去った。彼はその後、体の欲望が克服されるまで答えが見つからないと決めました。それで自己贖いの期間が続いた。教師の宗派から 5 人の仲間が彼の共存者でした。ある日、瞑想中に、彼は涼しい風が彼の体を和らげ、彼の心を緩和するのを感じた。フラッシュの中で、彼は自分の必要を飢えさせることについて間違っていたことを見ました。彼そのような分離が不自然だったときに、最終的な答えを追求するために体を捨てようとしていました。Siddhartha は身体と心は 1 つであり、離れられないと結論づけた。だから、7 年間の検索の後、彼は栄養を受け入れる通常の生活に戻った。彼は自分の気持ちを深く見直し、瞑想を始め、現実を教義から解放し始めました。それからある夜、

それが起こった。　Siddhartha、 "彼の目標を達成する人"仏の直後に命名された人になりました。

　それが呼ばれるようになったとして、非自己の教義無自己の理論ではありませんでした。　それ自己がなかったことを言いませんでした。　魂、すべての人で神格の内在世界そのものとして現れていることがわかったので、それ魂のアイデアに挑戦しませんでした。　その代わりに、非自己の理論アイデンティティの概念の背後にある非実質や虚しさを指摘しました。

　仏の主要な出発が彼の時間の宗教の既存のセットだったバラモン教、からでした。　バラモンの思考は宗教的なメリットを得るの複雑なシステムと悟り、または解放の問題をもつれていました。　剛性と分解成長カーストへの社会の配置さらにシステムを掩蔽しました。　しばらくすると、それだけで、それを設計し、誰それ-バラモンを支持していた少数の人々に分かりました。　ゴーン詩的な驚きのこのようなウパニシャッドやヴェーダなどの神聖なテキストで表現を見つけた放棄の、強烈な探究心でした。

　仏教このようにブラフマン正統に対する反乱として見ることができます。　しかし、これまで仏が懸念しているとして、彼は内部の反乱ではなく、外部の反乱であった男でした。

　仏はミドルウェイ、問題を解決するために、官能的な道楽と自己犠牲の間で領土を図表１を提唱しました。　非常にシンプルなロジック彼の教えの根幹を形成しました。　彼は人生は喜びと悲しみのスケールが幸福にこの瞬間と悲しみ次を優先するように傾け、苦しみに満ちていたと仮定しました。　両方の感情やイベントには永続性がありませんでした。　しかし、何が不幸のような負担をもたらしましたか？　欲望の中で。心理的な発酵の広大な領土感謝と喜びの要求のうち、実際に人間の自己のコア全体にほかなら心の中で横たわっていません。　欲望と、心のゲームが始まりました。　多くの場合、人はなぜ知らなくても欲望の魅惑的な曲を歌いました。　悲劇が横たわっているのは彼の無知だった。

教義の次のステップ自然に続く：欲望と幸福を遵守し、涅槃が開かれることになるのゲートを廃止します。 仏しかし、彼は欲望を終了することを選択した方法で、他のすべてと異なっていました。 トリックはそれを避けるために、またはそれとの対決に巻き込まするが、その性質と原因を深く見てませんでした。 これより多くの欲望に向かってマインドフルネスの態度の育成ではなく、故意に一時的な提出にそれらを殴打の問題でした。 仏はあっても、そのような意識や感性を育てる手助けする呼吸法とルーチンを開発しました。

仏で真ん中の道を歩いて最初は彼の 5 の仲間でした。 彼はサールナートでディアパークで彼のオープニング説教を送達された場合、彼らはまた、彼の聴衆を形成しました。 だから、重要な仏教は順序が成長し、その周りに核を形成、法律の車輪の回転としてそれをマークしたことをイベントです。 仏は彼のためのシンプルさと謙虚になりました。

80 歳の時、半世紀のために教えた後、彼は死にました。 仏の弟子たちは何世紀にもわたって彼の教義を教え続けました。 仏教は世界的に成功しました。 21 世紀の初めに、ほぼ世界の半分の人口は仏教の彼ら自身を宣言しました。

2.ガンジー : ガンジーの月へ

インドの独立性

マハトマ・ガンジー臨時発見夢にも思わないイベント、およびそれらを可能にした男たちによって支配時代に、1869 年に、インド、グジャラート州で生まれました。

でも、これらすべての中で、彼は真実と平和の決定使者となりました。 彼の意志の強さと、ガンジーは非を使用して、英国の支配からインドを解放するために管理しました

暴力の原則。

彼の人生普通の人の話です。 子供の頃、マハトマは恥ずかしがりや臆病だったが、善悪の強い感情少年時代から明らかになりました。 だから、彼の国が自由に参照するに潜在欲求がありました。

彼の父が死んだとき、マハトマは法律を勉強するためにイギリスに行ってきました。 ヒンドゥー教の聖書を説明するために英語の友人に頼ま、バガヴァッド・ギーター、ガンジー彼がそうすることができなかったことを彼の悔しさを発見しました。 彼はそれを読んでいませんでした。 彼はそのようにした、それは彼の好きな本の一つとなりました。 彼の精神は成長し続けました。

彼は彼の弁護士業をセットアップするためにインドに戻ったとき、彼はすぐに変換できないと感じました。 ダダアブドラ・アンド・カンパニーが彼に弁護士の位置を提供したときに南アフリカに行く機会が来ました。 彼は南アフリカに到着したとき人種的偏見が現実でした。 インディアン対象のグループでした。 マハトマ通常の屈辱と競合しなければなりませんでした。 これガンジーは非暴力主義愛の正の力として、質量抵抗、戦争の道徳的等価の形に変えることができることを感じたことがありました。 ガンジー率いるインドコミュニティ政府のいくつかの行為の不正と戦うために非暴力の原則を使用していました。

英国政府が弾圧を試してみましたが、最終的に、一般スマッツはガンジーに反対し、すべての政府がしなければならな

かった何をした、彼が得られました。 ガンジー彼の相手を愛するようにまれな能力を示しました。

彼彼らは彼が自分の消極的賞賛を受賞した-for 遭難にあったときにそれらを助けるために常にありました。 彼は徐々に彼が達成するために懸命に働いていたことが生活水準をあきらめました。 他人に奉仕したいという要望が増加し、原因への彼のコミットメントが成長するにつれて、個人の所有物では無意味な負担となりました。 南アフリカを残し、ガンジー彼が自分自身をしていたサンダルのペアで一般スマッツを発表しました.

無一文と彼の国では比較的未知の、彼は 1915 年にインドに戻って、それを提供することに決定。 彼は衛生、教育、人々の権利と義務の重要性を提唱し、観客をアドレッシング、彼の仕事を始めました。 彼は平等の権利と女性のための尊重と untouchability の除去のため crusaded。

彼は彼との密接な接触したすべての人々の生活に触れました。 彼は真実にそれらの非暴力の原則との密着性を教え、インドの多様な質量を揺らし。 それは彼らが何ができるか、それらを示すことによって、インドの人々に selfgovernance の意味を教えガンジーました。 彼の自信彼らに自信を与え、彼の勇気は彼らに勇気を与え、彼の尊厳はに尊厳を与えました

インドの原因。 政府います

彼はそれが彼をあざ笑ったとしても半裸の托鉢僧を尊重インドに反対しました。 彼の同胞多くの場合、彼は政治に持ち込ま精神によって憤慨しました。.

ガンジーが繰り返し華麗な戦略家として認められています。 彼は塩の法律を破るために引き受けた月象徴的行動のための

彼の才能を示しています。 しかし、彼の天才それが個人的または公共の目標を達成するためにあったかどうか、彼は常に提唱していることを彼の本能的な人々との問題の把握、および拘束に横たわっていました。

　ガンジーは非暴力主義を通じてインドの歴史の流れを変えました。 彼に与えられたタイトル国家の父がちでした。

3. グレイシー：歴史の記録

ノー破るとの戦い

　胸とバンダムの２つのアーム、ブルース・リーの腹部、スタローンの足を取り、彼のピーク時にマーロン・ブランドの顔を追加します。 内なる平和、ストレス軽減と非暴力主義の用量を追加し、リオ・デ・ジャネイロの大きなるつぼにこのすべてを投げます。 　30 有余年にわたってくすぶった後ヒクソン・グレイシー、ブラジリアン柔術を作成した伝説のグレイシー一族の最も完璧な子孫を持つことになります。 ヒクソン・グレイシー彼の武術に人生を捧げているし、今日の地球上で最高の戦闘機であると考えられています。

　ヒクソン・グレイシー、エリオ・グレイシーの息子 Jiu-に生まれました

　Jitsu。 6 歳の時、彼競合始めました。 15 で彼は芸術を教え始めました。 そして、18 で彼は黒帯を受け取りました。20 時ヒクソン・グレイシーそれまで 140 試合、無敗記録を楽しんでいた有名な 230 ポンドブラジルブロウラーズールー

に対する彼の最初の畏敬の念を起こさせる勝利を収めました。この勝利で、ヒクソン・グレイシーが柔術の歴史とグレイシーの挑戦で彼のマークを残し、トップフリースタイルの戦闘機として即時国民の称賛を得ました。 5年後、ズールーは

[12]　　バートランド・ジュベネット

再戦 20,000 人の観客の聴衆の前に Maracanazinho に、再びヒクソン・グレイシーに敗れました。

ヒクソン・グレイシーその技術の世界で柔術の最高の表現であると考えられているグレイシーファミリーの第七ダン・ブラックベルトオープンクラスチャンピオン、です。 彼の生来の才能とスポーツの早期習得は 450 戦い、柔術トーナメント、フリースタイルレスリング、サンボ、無差別級フリースタイル競技、ノーは禁止チャレンジマッチを保持している中で非の打ちどころのない無敗記録をもたらしています。 ヒクソン・グレイシー 2 時間のブラジルで

フリースタイルレスリングチャンピオン、サンボの金賞受賞、そして最後の 16 年間、彼はミドルヘビー級なし重量部門の世界柔術チャンピオンとなっています。 最近で彼はこの時、両方の 1994 年と 1995 年に優勝、大会、ジャパンオープンバーリトゥードで日本のエリート戦闘を征服し、ヒクソン・グレイシーはサムライを有することについて日本人が認められました
精神。

（47860 人の観客の前に） 日本の東京ドームで 1997 年プライド 1 バーリトゥードの試合で彼は 4 分の最初のラウンドの 47 秒で、日本のトップランクの戦闘機、高田延彦を破りました。 一年後、その日に、1998 年プライド 4 バーリトゥードの試合で、ヒクソン・グレイシー彼のタイトルを守りました。 武道の歴史の中で最も待望の再戦で日本の東京ドーム

に圧倒的な 50,000 人の観客を描く、ヒクソン・グレイシーは再び高田を破りました。 コロッセオで

2000 年に東京ドームで開催され、3000 万テレビ東京の視聴者（そのタイムスロットのための最高の視聴テレビ番組）にブロードキャスト、ヒクソン・グレイシー日本のナンバーワンの戦闘機、船木誠勝を戦いました。 彼は 11 分、最初のラウンドの 46 秒でリアネイキッドチョークで相手を破りました。

彼は競争相手であるとして教師を達成としてヒクソン・グレイシー自分自身を証明されています。 彼は 20 年以上にわたって彼の武道のスタイルを教えていると学生の彼の配列は FBI エージェント、SWAT チーム、ネイビーシールズ、軍人、様々なスタイルの武道家、スポーツ選手や俳優が含まれています。 彼の高い
実用的な自己防衛のスタイルは広く現実の状況のために、優れた武術として認識されています。
ヒクソン・グレイシーはヒクソン・グレイシーを設立しました

柔術のコミュニティを統一を支援するために、1996 年に国際柔術協会。 協会を通じ、柔術の、伝統的な技術的、哲学的な側面世界中の人々と共有することができます。 ヒクソン・グレイシーは現在、招待トーナメントで競合し、スペシャルツアーやセミナーにだけでなく、ウエストロサンゼルスでヒクソン・グレイシー柔術センターで教えています。 ヒクソン・グレイシーの学生大きな自信の達成と彼の教えを信用高まり、ストレス解消、若々しい活力、体力、バランスの改善と心の平安を増加させました。

現代の伝説、ヒクソン・グレイシーはグレイシー柔術の芸術と哲学の普及に彼のリーダーシップのための国際的な評価

を得ています。 彼は強力な家族の価値と健康的なライフスタイルを espouses。 彼は規律、決意とスポーツマンシップの縮図です。

　名門ヴェール - TUDO イベントはヒクソン・グレイシーのための非暴力の原則を使用してのスポーツとの戦いの分野での効率の最大のデモでした。 ヒクソン・グレイシーによると、ヴァーレ-TUDO は暴力的である必要はありません。 何の技術が勝つために存在しないとき、それは暴力的です。 彼が持っているように、技術を持っているだけで、いくつかのパンチを提供する戦闘機スペースを作成するための唯一の少数の打撃を与えるが、常に勝利を探しています。 ヒクソン・グレイシー彼が誰を傷つけることはありませんでした、怪我、そして比較的容易に戦いに勝っていませんでした。 彼同じ技術を持っていなかった他の戦闘機よりも異なっていた、と誰がちょうど１が完全に息を失っまでお互いを破壊しようとしました。

最終的な報酬としてヒクソン・グレイシー最初の非なりました
日本最高の武術のチャンピオンは彼らにこの武道技術の優位性を認識し、グレイシーの柔術を学んで開始されているが、すべての時間の日本人が日本のサムライを命名します。

二部 上の理由

成功
非暴力の原則として、
仏の共通の秘密、
ガンジーとグレイシー

　最初の部分で、私たちそれぞれの生活、巨大な戦いと驚くほどの勝利に焦点を当て、仏、ガンジーとグレイシーが長期化しています。　この第二部で識別し、21 共通の秘密を共有し、それらの研究します。　彼らはすべての 7 の秘密、人につき 1 グループの 3 グループに提示した場合でも 3 人のそれぞれにも同様に当てはまります。　私たちは彼らの豊かさを明らかにし、理解を容易にするためにそのように表示することを選択しました。　この第二のローリングサークルしたがって、より分析的です。　それは深いと遅い精神的な息の次を構成しています。

1.仏の道

どのようシッダールタゴータマとして明らかにそう単純王子
地球上の半分の人は年齢層を介して自分自身仏教徒を宣言得
るために管理するのですか?

7 先見の明の直感に従うことによって、それは今日まで隠さ
れた秘密のまま、したがって、非暴力主義の道を発明してい
ます。

直感 N°1 : 時間外であります

　ただ、ガンジーとグレイシーのように、仏は無限であり、
その人の人生は唯一の有限であるその時に早期に理解しまし
た。 彼は彼の人生のスケールで何かを計画していないし、彼
新しい宗教を作成する方法を誰にも話したことはありません
でした。 しかし、仏陀それは普遍的な順にフィットするよう
に長くなるどのように大きなものを感じました。

　同じように、Gandhi と Gracie は異常に時間を管理しまし
た。ガンジーは英国政府との長い戦術的戦いの中で、時間を
機会にしたことはありませんでした。グレイシーと同じよう
に、ガンジー相手が最初の動きをしてから相手が相手に与え
たことを見て、適切な答えを出すことを好みました。南アフ
リカで彼が直面していた軍隊より 10 倍も多くの人々の関与
を表明していたが、ガンジーは追従者に静かな順序で軍に向
かって小グループで歩くように時間を取って、それゆえに
「服従する人」ではなく「死体」を敵に提供している。
Gracie も同じことをしました。リングで彼はめったに最初の
攻撃を提供しません。彼はかなり集中的に彼の対戦相手がそ
れに構築する前に最初の動きをすることを期待しています。

それから彼は安全な防御位置を得て、彼の敵が何かをするまで待つ。それは数分続くことができます。　Gracie は自分のポジションを改善し、勝利を近づけるために悪用できる機会を待っています。等々。

そのように続けば、彼は不可解に勝ちます。

今日のビジネスは時間が中心です。　しかしが、時間が見られるなど、高速な習慣を行う、最初のムーバーは勝者の格言で、このような原理市場投入までの時間などの一般的な時間指向のアイデアをすることができます住んでいる企業理解と異なって管理しますか？　時間資産は何でしたか？　それは無限であり、我々は常に不十分としてそれを見に使用されています。

直観 N°2：革命長期的な、決してプロセスを終了さ

彼のソフトなアプローチにもかかわらず、仏は強力な革命的な男でした。　バラモン教：彼は彼の時間の既存の宗教に反対していました。　同じことがそれぞれそれぞれ怒りに満ちた英語帝国の支配と武道の日本の歴史的正当性とリーダーシップ、ガンジーとグレイシーのために真です。　しかし、それらのどれもすぐに行くことを意図していません。　すべての３つの理解革命が長持ちし、終わることのないプロセスです。

我々すべてあまりにも頻繁に迅速なプロセスとして革命を知覚します。　私たちは心の中でいくつかの強烈な年に集中アメリカ革命の短いキー瞬間、保つため、おそらく：まず大陸会議でのパトリック・ヘンリーのスピーチ 1774 年 9 月 5 日、1775 年 4 月でレキシントンとコンコードでの暴動を、ジョージ・ワシントンは戦争に入ります それだけで到達するのは何十年もかかったのに対し、1775 年 6 月の独立のため、7 月 4 日、1776 年に数週間とアメリカ合衆国憲法の批准に憲法を書くトーマス・ジェファーソンその後、私たちの心この短い期間に革命をカプセル化 すべてに平等の権利：その目標の一つ。　ほぼ憲法後の世紀が生まれた、奴隷制アメリカ革命

その当初の目標のいずれかが不完全に達成したままであること与えられた作りにまだあると主張することができ、まだ廃止されなければならなかった。さらに 1861 年の南北戦争をトリガするために貢献しました。

　仏は何世紀にもわたって彼の地球規模の革命を実現しました。　ガンジー数十年にわたってインドの独立を得ました。グレイシー一族は日本の武術にグレイシーの格闘技優位性を認める日本を取得するために、3 世代を必要としていました。 大きな初期の野心もはやそれは実現するのにかかります。

　ビジネスの世界でこれらの直感が行方不明になっているのでしょうか？ パンナム、ゼロックス、デジタル機器、ルーセント、ゼネラルモーターズ、リーバイ・ストラウス、ラバー：自分の時間に革命的だった企業彼らが彼らの革命はその背後にあったと考え日以来減少しています。 彼らは多分革命が終わることのないプロセスだったと理解している必要があります。

　直観 N°3：貴クエスト、大きな弟子の数 v
　仏は彼のように個人的な宗教的・精神的な探求になっているだろうか、かなり想像していない可能性がありますか？

　しかし、それは彼のために道の気高さのようになりました

　仏は唯一の 5 つの弟子で小さな始めました。　彼の信者の数彼の新しい宗教的、精神的な注文が到達した寸法に応じて彼の人生を通して増加しました。 そして今度彼らは他の人に学んだことを伝え、新しい改宗者の膨大な数でグローバルになりました。 彼の探求インドの問題との関係ではあまり普遍的で、よりだったので、ガンジー例外的な信者の数が、仏未満を得ました。 、非暴力主義の優位性を残虐に、黒の内部の

情熱を：同じことが、その努力狭く、彼はアクションで、より
グローバルな哲学論文を実証するための場所としてこの領
域を服用されている場合でも武道の世界に注目されているグ
レイシーのために真であります 他人に優越の熱心な欲望、と
にかく勝つために熱烈な必要性...

IKEA と「多くの人にとってより快適な毎日」、ディズニー

と「人を幸せにすること」ビジネス、土星と調和、ソニー、

小型の完成度、スターバックスや社交性：今日、大企業の概

念ブランドを超えたプロバイダを意味になるための組織の努

力を根底にしています 、サウスウエスト航空と、

Amazon.com や完全性、1-800-花と顧客の贈答ニーズに応え

る「フライングは楽しいです」。 すべてが良いと思う。 し

かし、これらの組織のいずれかが達成しようとしているもの

で、任意の気高さはありますか？ 私たちだけでなく、誇りは

アメリカであることが、人間であることを作ることができ、

本当に向上心があるのでしょうか？

 IKEA と「多くの人にとってより快適な毎日」、ディズニー

 と「人を幸せにすること」ビジネス、土星と調和、ソニー、

小型の完成度、スターバックスや社交性：今日、大企業の概念ブランド 超えたプロバイダを意味になるための組織の努力を根底にしています、サウスウエスト航空と、

Amazon.com や完全性、1-800-花と顧客の贈答ニーズに応える「フライングは楽しいです」。 すべてが良いと思う。しかし、これらの組織のいずれかが達成しようとしているもので、任意の気高さはありますか？私たちだけでなく、誇りはアメリカであることが、人間であることを 作ることができ、本当に向上心があるのでしょうか？

　ダビデとゴリアテの聖書物語は普遍的真実であったかのようです。 非常に小さな少年ダビデが巨大なゴリアテに直面する勇気。 彼のスリングを使用して彼を殺し、その後、彼自身の人々によって、ユダヤ人の王として認識され、イスラエルの状態を設立されました。

　同様にガンジーとグレイシーのように、仏巨大な相手と crusaded。 バラモン何世紀にもわたって、その正当性を描きました。

　5 世紀紀元前の平均インド人の深い共通の信念や価値観 バラモン精神的な優位性から来ていました。 彼らは古代のために作成した社会秩序それが単に想像挑戦してレンダリングしていました。 重要な神聖な文献ガンジーが 25 世紀後、彼ら

にそれをささやいた時、人々は自分で管理するためには想像もしなかった社会の中でこのアイデアを強化しました。 ガンジーより良いインドを支配するカーストに分かれ社会のバラモン配置と同盟今回の強力な英語植民地帝国の巨大な支配に対する関連戦いを続けました。 彼の側でグレイシー無敗の伝説的な日本のナンバーワンの戦闘機、船木誠勝に、それまで140試合、無敗記録を楽しんでいた巨大な230ポンドブラジルブロウラーズールーからより強く、より良い戦闘機を怒りました。

戻るビジネスに、私たちは本当に誰もが勝つために明らかに不可能な戦いに従事することを敢えてしたことを言うことができますか？ 唯一のそのような無限の時間などの新しいレバーに基づいて新たな戦略を妊娠私たちのいくつかの、最後の回転に打ち上げ、高貴な願望はありますか？ それとも我々はまだ勝者は勇敢ではなく最強であるに応じてアイデアを生きていますか？

　　直観 N°5：父親、マスターと通常の指導者は overpassed する必要があります
　　私たちは何世紀にもわたって父親の役割を高く評価している社会で我々は明らかに他の誰かのおかげで、成長学び、改善することを認めます。 だから教祖、マスター、モデルと指導者はかつてないほど促進されます。 しかし、仏陀は反対のことを実証しました。

　シッダールタゴータマ、サキャ一族の王の一人息子彼はす
ぐに彼を期待していた王の王位を放棄することを決めた前に
長い時間のために彼の父に反対しました。　しかし、彼の父親
と、この破裂の重要性はありませんでした

　私

　すぐに彼に明らかになります。だから Siddhartha は最初
彼が残した主人の教えに従った。彼はいかなるモデルも否定
し、彼の時代の多数の霊的および宗教的指導者のいずれにも
従わなかった。その代わりに、彼は自分の深い声を聞いて、
7 年を過ごした自己内観の時代を迎えました。それを理解す
る前に、自分のニーズを飢えさせることについて間違ってい
ました。彼そのような分離のときに最終的な答えを追求する
ために体を捨てようとしていました不自然でした。
Siddhartha は体と心は 1 つであり、分離することはできない
と結論づけた。彼の父親からブラーマ人までのすべての指導
者からの彼の休みを操作して、彼は自分自身の深い答えを見
つけました。仏は他の創造物とは別物ではありませんでした。
死や敗北、喜びや喜びのための出生はなく、解放する者がい
なかったので達成する自由はなかった。ガンジーは同じよう
に父親に反抗した。子供の頃、彼は宗教と両親に対して肉を
食べて、英語のように強くなって戦うことができた。その後、
彼は法律を勉強するためにイギリスに行って、彼の両親の命
令にもかかわらず、英語の支配者の文化をもう一度理解した。
グレシーは定期的に彼の忠告を聞くために父親と数時間を過
ごしましたが、結局はいつも自分の心に従っていました。
今日の組織で私すべてのレベルで支配されています。　この
ようなジャック・ウェルチ、アンディ・グルーヴ、スティー
ブ・ジョブズ、ピーター Druckers、ゲイリー Hammel、
GE、インテル、ソニーなどのいくつかの名前ながら、

マイクロソフトなどすべての人の頭の中に、いくつかのジャ
ック・ウェルチは GE のために行ったようにシックスシグマ

を起動したい、他の人スコットマックネリーは日のためだった、まだ他の人が適切な大企業の思想家のアイデアを探しほど先見の明であることを夢見るされています。 しかし、誰が越えて行くために、この管理コンセンサスを陸橋しようと？

　直感 N°6：例により、可能なことではない管理
　我々すべての「実例で "おかげで生きてきた："ピーターいい子してください！ あなたの弟 "のための一例です。 それは仕事で継続：「例ジョンによって管理します！ あなたのチームは「あなたを見ています。 などなど。

　しかし、ブッダは自分自身のように誰にも何もしないように勧めたことはありませんでした。彼は最初の仲間によって、最初のものが目覚めたもの、仏になるために、他の人たちに単に紹介されました。彼は個人的に誰にも彼の例に従うように頼んだことはありません。それどころか、彼は地球上の人々と同じくらい多くの方法で啓蒙に到達すると教えていました。彼は例では決して管理しませんでした。仏可能なことだけを説明することができ、彼がしたこと自分のやり方に従う他の誰かによって行われる可能性があることによって管理されています。ガンジー彼を支持したいと思っていた人たちに、彼が十字軍でやったほどの力を身につけないように、多くの時間をかけました。彼が食べるストライキを開始したとき、彼は自己嫌悪に入る一人の男の象徴的な力が十分に強かったので、同じことをしないように彼の追従者に頼んだ。グレイシーはいつも武道を教えてくれるが、彼の父親のヘリオは 135 ポンドと虚弱なヘルスケアで実験をし、伝統的な柔術の基本的技法を改良して改良し、彼のような小さな敵を倒すことができた大きい方と自分の道を見つけることができます。

　私たちの会社で、逆に、例えばアイデアによって管理は当たり前さ。 巨大な可能性を持つ人々が検出された場合、それ

が原因会社の過去または現在の指導者への類似のことが多いです。　あまりにも過去志向です。　それは明日行いますビジネスそれは今もやっているものとは根本的に異なるものになりながら、なぜデジタル革命の課題に直面して、例えば、コダックのような企業過去のモデルの上に構築すべきか？

　　直観 N°7：富銀行ではありません

今日の世界で主要国が裕福です。　世界の未来に富とその結果としての影響のレベルとの関係を当然視されています。

しかし、3 例外的な人のいずれも、最初の世界から来ませんでした。　仏インドに近く、現在のネパールから来ました。ガンジーはインド、ブラジルで生まれグレイシーからでした。でも、それぞれのエポックとの関連で、3 人の男性世界で最も貧しい場所のいくつかから来ました。　5 世紀の B.C. インドはアッシリア帝国、新興ギリシャ文明と新興ペルスと何世紀にもわたって続くようにした中国の帝国のさらに低下していない軍事的覇権に囲まれていました。　ガンジーはまだ生きていたときに、インドは第三世界の国々の間でランクされました。　まだあります。　グレイシーそれが世界の主要国の国際定期財政援助がなければ低迷でさらに多くのことと思われるブラジルから来ています。

　彼らは素朴な幼稚な夢、大きなアイデア、熱烈な欲望、信じられないほどのクエスト、お金ではありませんでした。彼らは自分自身と他の心の中を徹底的に調べて、それを大きくするために必要なものを見つけました。彼らは高価なものを探すのではなく、高価なものを探す。ブッダはまず、最も豊かに休眠していた価値観を探しました。自分自身の中で、次に他の人の中で。

　今日、私たちの組織おそらく単に集めることができない貴重なものでいっぱいです。地球上の小売店で最高かつ最高のマーチャンダイジングあなたを認識し、再びあなたを見て喜

んで店員の笑顔、注意と共感を置き換えることはありません。どの企業が既にそのような誠実な共謀のレベルを資産として特定していますか？企業自分を好きな人や、商業政策を適用する準備ができている、自信を持って動く自信を持った人として見ているので、顧客を愛する楽しいショップアシスタントを募集していますか？

2. ガンジーの道

　　大英帝国は依然として世界の最も強力なの一つであったとき、どのようにどこから来るの半分裸の托鉢僧期間中に英語の支配からインドを解放するために管理したのですか？

　　静かにそれ以外の暴力的な原理舗装道路作り、その本まで不明残っていた心の中で7アイデアを、道路に歩いて。

　　イデア N°1：子供たちが正しかった場合はどう？
　　彼らは経験の浅い、私たちはよりも心よりオープンなので、子供たちが夢を以下で優れています。　この素朴な強度を保つために管理する大人が他人に大きな利点を持っています。　ガンジーはそのうちの一つです。
　　子供の頃、ガンジーは恥ずかしがりや臆病でしたが、少年時代からは間違いのない強い感情が明らかでした。彼の国を解放する潜在的な願いがあった。彼は決してそれを忘れておらず、子供の夢を現実にすることを意図したすべての人生を駆け抜けた。彼の純粋な強さ他者が不可能と考える可能性を想像する自由を彼に与えました：インドの独立。ガンジーは内なる子供の話を知り、彼の人生全員を彼に扱っていました。東洋の霊性この内なる子供は決して死ぬことはないと教えて

いる。それどころか、彼はしばしば、私たちが年を取って、子供の魂を再発見する時に現れます。なぜなら、私たちが大人の時代を通してやったように、彼を自分の中に隠しておくエネルギーがなくなったからです。　Gracie ジャーナリストが何歳になったのかを聞かれると、彼はいつも彼が老いていると答える。　Gracie 人々は非常にラベルが付けられており、自分の年齢によって自己ラベルが付けられていると考えています。グレイシー彼が年を取ることを恐れているのではなく、人々が瞬時に集中して生きなければならないと考えているため、彼の高齢化を補う人生の哲学を持っています。一緒に行動するあなた（子供、大人...）の内側の内臓が強いほど、あなたはより強くなります。

今日のビジネス環境で私たちの子供時代の夢のための余地

はありません。 逆に、組織は場所です私たちのそれぞれに

住んでいる大人優れた創造性とバックよりモチベーション

、寛大さと夢を来ることができ、子を抑制する必要があり

ました。

アイデア № 2：心、心と身体と脳、勇気とエネルギーを交換してください

ガンジー我々は偉大な精神今日呼んでいるものではありませんでした。 彼は大きかったが、方法で彼クロス動的な方法、彼の心彼の心と彼の体に、一緒にすべての作業を行いました。

西洋の人として、私たち脳、体と心にリンクされている個々の資質を大切にしています。 我々は感謝します知性的な知識、知識のある知識、...。　ASW プロ OTE phyanalytical 原文のままリットル chacsensra ター、

TLEVEL 若者、エネルギー、美しさ、性能として ICS です．..私たちなどの感情的な能力、感情の深さ、など個人の良識の側面に感謝しかし、我々は全体の組織化されています 知性（合理的な寸法）は心臓（情熱の寸法）を習得しなければならない明確な順序に

　ボディ（物理的寸法）私たちの合理的な良心の楽器を作ります。　3次元しかし、寸法が永久的に、代替的な表現を得るために互いに戦っている剛性のための間にはダイナミッククリエイティブはありません。

　心、心と身体：ガンジー他の華麗な政治家としてではなく、3つのヒト複合要素のすべての電源を使用することによって賢いされ、偉大な戦略家と政治的に熟練していないだけによって英語の支配に対して戦いました。　彼の仲間多くの場合、彼は政治に持ち込ま（彼の心と彼の体から）、非政治的なことで憤慨しました。　しかし、彼は正しい方向に戦っていました。　彼の食のストライキ最も有名な例の一つです。　彼の時間で仏は完全にグレイシーに関して彼は彼があらゆる事態に空の彼の心を保っている戦っているとき、彼は待っていることを言って...瞑想、断食、孤独なイントロスペクションと精神的な放浪のすべての種類を介して自身の隅々を探検しました 彼の心と身体、彼の心によって提供される可能性の組み合わせと反応する準備ができて、完全に新しい、ユニークなもために、すべて同時に動作．

今日の企業に関連して、我々彼らが常に数十年にわたって改善し、グローバルレベルの前にそれほど高くはありませんでしたことをされている見ることができます。　　同じことが人々のために真です。　なぜ大手企業新興企業に取って代わられていますか？　ノキア、モトローラを戦いました。　なぜ成功した経営者彼らが会社を変更したときに彼らの成功を複製悩みを持っているのですか？　なぜ新規事業の大半が失敗するのですか？

イデア N°3：戦いを超えてグローバルな十字軍を持っています

　同様に仏とグレイシーとして、ガンジーは均等に彼が行った多数の小さな戦いを越えたグローバルな戦いに関与していました。
ガンジー実際にレンダリングすることを目指し十字軍に従事していました
インド人の自己意識し、自信と自分で自らの運命を処理するために自己犠牲。　インドを解放するに全体の１つだけの一部でした。　彼はすべての平均インドはカースト制度を超えて考えることとバラモンにし、支配的な英語を含め、すべてに自身が等しく考慮したかったです。　彼インド人現代アメリカの意味での個人になる作るために戦いました。　仏純粋な平和な状態のために立って、涅槃に到達する方法を探して普遍的な痛みから人類を解放することを意図し。　他の人に彼の武道技術の優位性を実証するために、リングの彼の壮大な戦いを越えて、グレイシーは残虐、動物の本能、筋肉フォーカス態度、のみ使用、物理的性能以上の強度を超える自己制御の男の優位性を思い出させてくれる。

　今日、最も明快な企業自分たちの国の GDP に向かって働いている人が瞬間的に幸せになって、その最高の状態で進行に参加して宣言します。　だから何？　16 世紀ニューイングランドにおける農民は平等に同じことを言ったかもしれません。だから、進歩はどこにありますか？　私たち量と質の間のより良いの主な違いを、欠落していませんか？

　イデア N°4：言語としてのアクション

　最もよく知られている指導者とは異なる、ガンジー心臓、その後の心に触れることを宣言または通信式に影響を与え、言語コミュニケーション、スピーチを支持しませんでした。

　ガンジーはよく、簡単な明確なアクションのために記憶されている：塩の法律を破るために行わダンディ月。　一般スマッツ軍に反対受動抵抗。　彼の飢えのストライキ。　彼は言葉を言わなかったが、彼の行動ボリュームを話していました。英語政府の軍隊に直面して受動抵抗が言っていた：私たちはすぐにお互いのそれぞれの平等の権利を認識し、共通の平和を共有する等しく、兄弟、ある与えられたあなたと戦うためにしたくありません。　仏は頻繁にそう言った彼の行動のエコー、のために記憶されています

　よく彼が言っていたもの：宮殿の生活から彼の出発富は純粋な幸福のために十分であることができると言うこと。　世界がように、それらの内側にあり、どのように深くて計り知れない他の人に伝えるために彼の 7 年内省的な期間。　同じ静脈でグレイシー象徴的行為を作り続けてきました。　武士道：日本人は武術に彼らの文化の三本柱の一つを検討してください。　他の二つ仏教と神道です。　彼らは considere 武道芸術戦いスポーツとは全く異なります。　日本、彼はより多くの宣伝を得ていることになる代わりに、米国の武道の創設国、でほぼ独占的に戦うことを選択することにより、グレイシー単一のスポーツを超えたものとしての彼の武道芸術を配置されています。　しかし、多くのことを伝えるために言葉のない意味のあるアクションの完全な芸術、などの基本的な考えに値する何か、新しい時間、。

今日で通信事業にどこにでもあります。　多分、我々はあまりにも多くのお客様に、人や株主から成長期待にドアを開け、あまりにも多くのノイズを生成して通信しますか？　沈黙の行為アーティファクトなしで多くを伝えるために、ビジネスに発明されなければならなかった場合はどうなりますか？

　イデア N°5：アートが勝者であります

　仏、ガンジーとグレイシーを賞賛することは非常に魅力的
であろうが、それは誤解されるだろう。　彼らはすべて彼らの
芸術が真の勝者であると言うだろう。

　ガンジーはまだ生きていたならば、彼は彼が唯一の彼の驚
くべき成功のためにやや責任である私たちを納得させるでし
ょう。　彼私たちのすべて彼が唯一の真実のアームと、その真
実だったことがなければならないので、とにかく勝つ説明、
真実のパワーを実感するだろう。　私たちガンジー彼はちょう
ど私達のいずれかのように、彼が唯一の任意の武器、非暴力
の最強を使用したことで、私たちを説得する方法を聞くだろ
う。　仏私たちは彼がどちらかの例外的であると信じてはでき
ないだろう。　彼はちょうど彼が単に涅槃に１個人的な方法を
示す他の人の心を開いて私たちを思い出させるだろう。　終了
するにグレイシー

　彼の試合後、彼は勝たなかったが、彼の武道芸術がしたし、
その後彼を打ち負かす１単に彼自身よりも優れグレイシーの
武道芸術を練習しますいずれかになります伝えるために使用。
ちなみに、彼はスポーツマンとしてではなく武道・アーティ
ストとして自分自身を定義することはありません。

　今日でも、管理、および相関の科学と実践その初期段階に
残っています。　未満百ページに科学的管理の原則：でも非常
に尊敬近代的なビジネス思想家すでに題する著書の中で１世
紀前の必需品を言っていたものとしてフレデリック・テイラ
ーを認識する。　芸術としての管理と経営の意思間のギャップ
はまだ埋められていなければなりません。　たぶん私たちが見
逃していること現代の実践の通常の範囲外を見ています。

　イデア N°6：身体、心と心のためのダイエット
　Gandhi が仏と Gracie と共有していた特定のものです。

彼が子供になったときに英語のように肉を食べて強くしてから敗北させた後、ガンジーは母親にワインと肉を控えると約束した。彼は彼の誓いを守り、イギリスに住んでいて、選ばれた菜食主義者になったときに、ロンドンのベジタリアン協会の積極的なメンバーになった。ヨガでのエクササイズでガンジーは良い精神的な食材で心と精神を養い、否定的な感情、感情、感情、欲望から解放するためにできるだけ頻繁にそれを練習しました...ブッダは信じられないヨガのマスターで、ヨガのテクニックのサポート。ヨガは彼の心と彼の体を調和させるために彼を助けました。　　Gracie は同様に素晴らしいヨガの開業医です。彼の毎日の訓練 4 つのセッションで構成されています：海での泳ぎ、ビーチでのストレッチ、激しいヨガの練習、長い息抜きと深呼吸の練習後、彼は胸の底部彼が臓器を動かしている間、脊柱のように見える。これにより、Gracie の身体、心、そして心の配置が可能になり、柔らかい練習柔術によって訓練を終える準備ができます。ハードトレーニング柔らかく開放された感覚訓練に逆らって誰も素晴らしいアーティストに変身させません。

ビジネスの世界プロセスが使用して、すべてのスキル開発、技術のマスタリング、ツール管理についてです。　彼らは人間に似てどこかのように撮影した自分自身の、私たちの会社の残りの未踏の側面についてのみ勝ち気な方法が、何ですか？

イデア N°7：あなたがいるように着用してください

それは一見見えるほど単純でガンジーが手作りの服を着ていた方法多くのことを伝えます。　仏の選択はほぼ裸との戦いのためにグレイシーの外観のために行くためにも同じことが当てはまります。

最小限の衣服などの個人所有物のいずれかの種類を与えることによって、ガンジー彼の口径のリーダーを持ってことになっていないた彼の、小さなスキニーや壊れやすい体を明ら

かにしました。 そうすれば彼は暴力的な反対のためだったと
非暴力主義とにかく来る勝利に向かって彼の誘導線としてと
どまることをどのように準備ができていない明らかに彼の敵
にメッセージを送りました。 彼は彼の個人的な探求に触発す
ることだったので、仏はほぼ裸でした。 グレイシーに関連し
て、彼は彼の武道技術の要求として着物に戦うことができる
が、彼は実際に彼は彼の相手彼らが地面に一緒に取り組むと
きにしようとする意図されたものを感じるように彼の皮膚の
すべてのセンチメートルを必要とし、所定の水着で戦います。

今日の西部の生活の中で、服は他人の目から私たちを非表
示にします。 それは多分私たちのシンプルさの欠如、純粋さ、
個人的なバランス、自分自身との調和と寛容について多くの
ことを伝えます。 我々は明日の半分裸の作業を行っていない
場合でも、我々は多分アダムとイブ自体は一度だけイブがパ
イをクランチしていたし、彼らが罪を犯したことを恥とされ
始めた衣類を始めたことを覚えておいてください。

3. グレイシーのスタイル

どのよう未満 5'10 と 185 ポンドの男が持っている、他の戦い
- スポーツチャンピオンによって無敗のままであっても最高
の、最強の、最大の最も重い、最も伝説？

7 ルールに貼り付けることで、それは今日まで未踏のままで
あり、したがって、武道の世界に真の非暴力主義のスタイル
を提供しています。

N°1 ルール：自分の唯一の 3 分の 1 以上を使用します
脳の最も深刻な科学的な研究が行われていると私たちは私
たちの脳の能力の三未満を使用している明らかにしました。

仏とガンジーのように、グレイシーは間違いなく、他の男性よりも彼の固有の資源の多くを使用して誰かの一例です。

　グレイシーは戦って、彼の体にだけでなく、おかげで勝っています。　精神的、感情的な側面物理的な 1 と同様に重要です。　体力、精神力と精神的な強さはに応じて継続的な成長への鍵です

　グレイシー一緒に、彼らは相乗効果が彼を戦いの間に強くする。彼の相手は自分の体の最も高いパーセンテージ（強さ、素早さ、しなやかさ）と精神的な強さ（集中力、決断力、技法の実装...）を使用しているのに対し、Gracie は同じように多くのことをします。重要な瞬間、要求されていないときのエネルギーを含んでいる、自分の本能に何を言わせるか、新しい状況に備えるために心を空にする、圧力に対処する、恐怖の勧告を聞く、彼の価値、彼のすべての感覚で相手を観察し、その上に構築するための詳細を検出し、誰よりも戦いになることができます。仏は自分自身を深く掘り下げ、人間の次元のあらゆる場所を訪れました。彼は明らかに前に乗り越えられなかった限界をはっきりと越え、その背後にある内部の豊かさを利用しました。別のやり方で、ガンジーは政治的な不足を補うために自分の 3 分の 1 以上を使っていました。

　企業すべての可能性を使用していません。　モチベーションレベルが来て、多かれ少なかれ積極的にビジネスに影響を与える行きます。　同じことが、チームの有効性、人々のエンパワーメント、というように、信頼のレベルについても同様です。　新たな取り組みのためのウィンドウは必ずしも開いているか、それを必要とする人々によって知られていません。企業はしばしば模索し、隠された肥沃な分野に活用するためのスペースと条件を作成する時に失敗します。

N°2 ルール：あなたの十字軍のために命を失うする準備が整いまし表示

イニシエータはそれのために死ぬ準備ができていない場合、どのような戦いを真剣に撮影することができます。 グレイシー、仏とガンジー彼らが何のために命を危険にさらして準備ができていました。

彼の武道芸術の優位性を実証するために、グレイシーはありません禁止選手権を保持しているに参加することに合意しました

戦闘機が1になるまでお互いを壊すところ、ほぼすべてで呼吸していない地面に横たわっています。 再びグレイシーイベントのグローバルな暴力にもかかわらず、静かに勝ちました。 彼は私たちの恐怖彼らが命を停止し、死を停止しない心の中で維持することによって成功しました。 仏は彼の悟りを先行7瞑想年に埋め込まれた自己苦行過程で自らの命を危険にさらしました。 nigt に対して英語の軍隊に苦しみ、彼の健康を危険にさらさ長い食ストライキを開いたガンジーのために同じ。

ビジネス面で我々はすべてのお金は私達がのために働くものであることを合意住んでいます。 人材の人々我々はすべての最も支払う1に行く長い間知っていました。 トップの上下の約束にもかかわらず、会社でのトラブルにもかかわらず、忠誠心や衰退市場、危機の時代に長く滞在する他の人に動機を与える良い気分を作成する機能、平和的な態度：しかし、企業が協力者のより危険や困難な行動に報酬を与えることはありません.

N°3 ルール：内側外側限り聞きます

　グレイシー、ブッダ、ガンジー外に出るよりも自分自身の中で多くの時間を過ごしました。

　Gracie のトレーニング自分自身の内面と外面の両方を準備することです。激しい毎日のヨガセッションストレス、圧迫、虚偽のアイデア、無駄な希望、幻想、勝利への道を妨げる可能性のあるものを管理するための内部的なイントロスペクションに専念しています。　Gracie の戦い Gracie が最大の敵と戦っている限り、相手の攻撃に直面している二重の戦いです。恐怖、不適切な思考、興奮、制御の喪失など、多くのことが彼をはるかに強くする。釈迦は自分に対処するために必要な時間を過ごしてから、誰にも何かを教えることさえ考えました。彼には何十年もかかりました。彼は外部の反乱ではなく内部的な反乱を起こしました。明らかに政治的な欠如に苦しんでいる

　ガンジーは基本的に、行方を忘れずに自分自身を見て、何をすべきかを知っていた。彼の心彼の初期の夢のアンカーのボートであり、彼の時代の政界の嵐の海に浮かんでいた。

　企業彼らはすぐに習慣を開発どのように直面して自分自身の内部を見る前者成功に眠りに落ちる、快適な信念に残りすることができません。　代わりに、彼らは環境の変化を観察します。　彼らはありませんので、それが動いていると信じています。　私たちの組織がそれらを囲むものと同じ速度で実行していた場合、彼らはそれが動いて見ないでしょう。　彼らは代わりに座ってのダンスの一部となります。　企業彼らが十分にアジャイルではありません立ち向かうことを敢えてする必要

があります。 我々が予想していることになって、それらのニーズを満たしたのに対し、なぜ、より多くの積極的な顧客が直接、彼らが望むもために私たちの企業に求めていますか？

N°4 規則 : 伝説の男が同じままで、成長しています

あなたは尊敬され、脆弱になります。 「真実を言う」という原則それほど重要ではないことは明らかにとても珍しいことです。私たちが現在勉強している 3 人の男性は真実を言い表すのは不可能で、想像を絶するものではありません。

グレイシーインタビューの前に、彼が怪我をしたり、蹴られたり、パンチされたり、怪我をして芸術の練習をやめたりすることを恐れていると感じたときに、グレイシーが尋ねた最も驚くべき答えのひとつです。彼のファンと彼の家族を失望させるために敗北する。敗北なしの一連の 450 試合にもかかわらず、驚くべき Gracie はまだ恐れている。しかしそれを数秒と考えると、論理的に聞こえる。過去のすべての成功にもかかわらず、グレイシーはあなたと私のような死人のままです。そうであれば、彼は名誉、敬意、忠誠心、謙虚さ、そして勇気に基づいて、自分の行動規範と彼の個人的な武士道を堅持します。仏七つの弟子を失望させることを望んでいました。七つの瞑想方法を中断し、彼らが始まった最初の理想を脱し、嘘をつくよりも通常の生活に戻りました。それはそれらを失うリスクを想定していました。ガンジーについて彼が政治的な批判者に対処するために使った独創的な子供のようなスタイル彼の嘘の能力を保存していた。

今日は仕事で、あなたはキャリアの自殺をすることであろう何かを処理するためにあなたの能力に自信を失っていると言って。 正嘘はあまりにも頻繁に正直で、現実的なフィード

バック、ステータス、文に好ましいです。 なぜ平均の労働者本来の人間無敵になる点までのオーバー自信になる必要がありますか？ 私たち現実と現実の画像を並べ替えます。 でも私たちは最高経営責任者（CEO）、スーパーヒーローとして雇うものは人間の本性を超えているものを解決することはできません。

N°5 ルール：なしより、ちょうど提供、約束しないでください

　　通常、最も有名な指導者にはビジョンがあり、それを実現させる計画を提示しています。　　　　　　GE の最高経営責任者（CEO）に任命され、今後 20 年間 GE の戦略になる軸を提供しているニューヨークのプリンスホテルの株主にジェネラル・エレクトリックの企業プレゼンテーションを提供するジャック・ウェルチの一例があります。　　Gracie、Buddha も Gandhi もそんなことはしませんでした。

　　Gracie のアプローチ「10,000 マイル歩行、一歩から始まり、一歩ずつ進んでいく」という彼自身の言葉でカプセル化することができます。　　Gracie はどんな未来を計画したこともなく、Gracie　jiu-jitsu の優位性を実証する無敗チャンピオンの 450 回になるというビジョンを決して提供しませんでした。彼はただ 1 回の戦いから始まり、一度に 1 つの戦いを続けて、10,000 マイルを歩いただけです。世界の宗教をどうやって創造するのか、なぜ、どのように、どのように、誰と一緒に仏を創造するのか、誰も聞いたことはありません。ガンジーインディアンの紛争の終結、不公正な法律の廃止、女性のための新たな敬意、そしてアンタッチャビリティの除去など、より小さな成功の結果としてむしろそれを見るインドの独立をめったに言及しなかった。

　一方で、今日のビジネスは大きな好意効果的にそれは大き
な行うにしようとする金融筋肉を得るために、将来の結果を
予想。 一方、お金を持っている人は少ない生成手段作成制約
がキラーのアイデア、創造性と優れた実践を作成すると信じ
ています。 彼らは過剰売れすぎに集中しているので、彼らは
多分その方向に傾きます。 なぜ彼らはそれほど極端な経営者
の新しい世代のために見てはいけませんか？

　N°6 ルール：ブリーズ

　Gracie の勝利の秘密を知りたいと思う人の数を数えるこ
とはできません。しかし、大きな秘密しばしば明らかになっ
たか、発見された小さなものとして現れます。

　Gracie の主な秘密は基本的なものです。勝つにグレイシ
ーが人生の中で果たすような戦いをしてください。どんな状
況でも、息を吹き、時間をかけて、何をすべきかを決める。
グレイシーによれば、戦いの間、そして戦いの前、中、そし
て後に毎日あなたの最高の状態で永久に勝つこと間には明ら
かな相関があります。そしてあなたの最善を尽くす最善の方
法あなたの体とあなたの脳に酸素を供給することです。適切
に実行されると、残りのすべてが実行されます。グレイシー
の秘密は呼吸している。彼は西洋の人々があまりにも長い間
無視してきた古代東洋の芸術を作った：呼吸の芸術。午前中、
Gracie は毎日のヨガを練習しながら、胃をあまりにも大きく
握っていて、胸の底部は脊柱と同じくらいよく見え、その後
彼の臓器のそれぞれを一つずつ動かす発生する可能性のある
病気を予防的に治療するための胸部、この芸術にすべてのレ
トレス・ド・ノワレスを与える。ブッダはインドのいくつか
の地域でヨガの父親とみなされており、確かにこの芸術では
優れています

　呼吸もガンジーは内部の平和と自信がヨガの助けによって
非常に認められたと説明した。

体と比較すると、現代の企業おそらく適切に呼吸していません。 任意の空気企業がより多くの匂いを嗅ぐべきでありませんか? 彼らは避けることができ、ストレス、不安、バーンアウトで汚染その他? どのような呼吸法やヨガ企業が実践することを学びましたか?

N°7 ルール：やすさを避けてください

　数多くの卓越した資質にもかかわらず、偉大な男性は簡単な機会に頼ることはできません。どんな武道でも、テクニックは2つの軸にしたがってランク付けすることができます。最初の人は最も難しい技を最も簡単に反対します（あなたがすでに有利な立場にあるのに対し、地面に敵の顔にパンチがあります）。第2の軸最も成功する作業技術を、成功のために適用するのが最も難しいものに分離します。彼のスタイルの優位性を実証した伝説的な他の戦闘機でいっぱいのハードトーナメントで Gracie は必ず勝利の確率を上げるために最も適切なテクニックのセットを使用しませんでした。彼はむしろ、芸術の豊かさ、技術の幅広さ、あらゆる状況との互換性を実証しました。日本のインサイダーの前で戦って、彼は自分のアートを見ていることを知っていました。

　日本の武術。彼は真の非暴力原理武術を世界に提供するべき時であることを知っていた。仏は決して容易さを全く求めていませんでした。彼は王の簡単な人生をあきらめた。彼は教師になれる僧侶を捨てた。彼は7年間だけ自分の中に深く費やした。それから彼は一人で多くの人々と一緒に彼の発見を共有するために彼ができる最大限に旅行を中断せずに教えた。ガンジーは非常に熱心に受け入れられたかもしれない

　彼の敵が彼に提供した位置を "買う"

　彼のように彼の道を続けることを望んでいたが、

　すべてのビジネス教育を受けた人ジャック・ウェルチからこの文を知っている：「ビジネスは簡単です。 「それを複雑

にしないでください。 右。 しかし、どのようなビジネスの周りに行われなければならないことは困難です。 永久に適応するにどのような企業のような人のための限り非常に困難です。 しかし、あなたがそれを意図したとおりにはかなり難易度を減らすことができます。 非暴力的な原理主な強み現在のハードプラクティス、アイデア、態度や行動が他より柔らかい要素が出現できるように焼戻しされなければならないという事実にあるソフトなアプローチです。

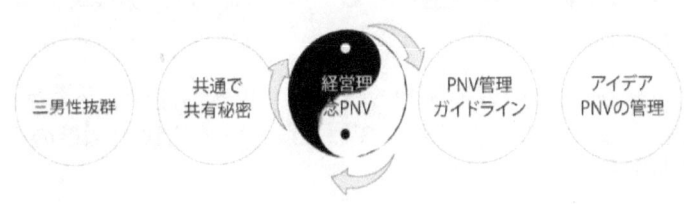

第３部：NVP
管理の原則
セブンクロス原則
非暴力主義の管理

　　最初の部分で、私たちそれぞれの物語、巨大な戦いと驚くほどの勝利を伝える、仏、ガンジーとグレイシーを提示して

います。　第二部で我々が同定され、その 21 共有される共通の秘密を研究してきました。　これら二つの第一の圧延円（パート 1 および 2）に深くゆっくりと精神的な息を構成しています。

　それは前方にその原則を入れて、新しい理論として、非暴力主義経営の基盤を設定するに息アウトする前に、今の時間です。

1. NVP 管理の 3 つの内部原則

この章で NVP 管理の最初の 3 原則を提示します。　身体、心と心：彼らはので、人間の 3 つの成分との密接な関係の内部原則を命名しています。

次のページにわたり、ボディは問題の生命、およびアクションを含む、一般的には物理的寸法の略です。　人生は生きている問題アクションに入って来ることができます。　心が思考、理解、アイデア、想像力...夢を含む無意識の状態に含めた意識の状態から精神的な次元に関し、欲望、ファンタジー...ハートなど、感情、感情、気持ちをカバーする敏感な次元に対応します

私たちの文化と教育これら 3 つを分離する傾向があります

　心を強調人間の寸法および、他の 2 を支配しなければならないことができます。　しかし、それらを制御するための努力の何世紀にもかかわらず、これらの 3 つの次元とにかくお互いに相互作用しておくと広い外部環境内で進化します。　そして仏、ガンジーとグレイシーがしたように、それらを解放し、それらを静かに展開させることは豊かさへの扉を開きます。

　以下のスキーム彼の 3 次元が積み上げられた状態から、よりエネルギッシュなフリーホイール状態に進化させるときに、

誰かが獲得どのくらいを示しています。 左側に三次元は互い
に明確に区別されます。 それぞれの重みで、積み上げ、彼ら
は静的な建物の中に自分自身を投獄します。 あなたの会社そ
れが NVP 管理の最初の 3 つの内部の原則に従っていますで
しょう一度として右側に 3 次元より多くのエネルギー状態を
発信し、転動輪として静かなハーモニーで一緒に働いていま
す。

　仏、ガンジーとグレイシー動的な内部 1 に静的な内部状態
からこの動きを作りました。 彼らのように、より多くのあな
たのアカウントに次の 3 つの原則を取ると、組織内のアクシ
ョンに入れて、より多くの非暴力主義の管理組織の再生をサ
ポートします。

パイルドアップステートに NVP の管理から

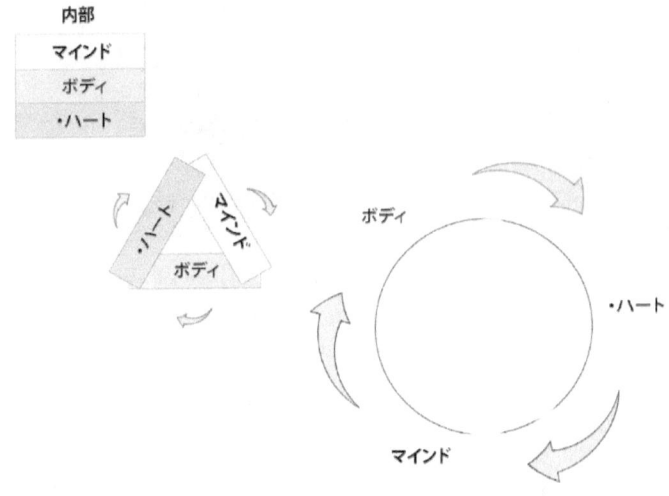

身体と生命原理：原則 N は 1°しました

　ボディ生命、物質とアクションを含む、一般的には物理的寸法、の略です。　人生は生きている問題アクションに入って来ることができます。

　私たちはどんな生活要素が恒久的に彼らの自己期間を探している応じた原則生命原理を呼び出します。　selfoxygen に常に働くボディ自己保護のために、に自己硬化に、自己管理し、休息と栄養を求めるのと同じように。

　原理組織での生活のあらゆる種類を保護するために構成されてい NVP 管理者の生活：組織の人生そのもの、チームの精神の生命、個々のモチベーションの人生、最初の夢の生活、人生を思い出し、神話　'人生、瞬間の生活を設立、コアバリューを発信　「人生...ファー過去指向のアプローチ NVP 管理されるため志向の持続的な発展があります。　これ嘆願私たちの周りのすべてを習得しようとする、宇宙、自然、水、などという、人間はかなり地球にダメージを与えています。
NVP 管理があなたの意識になってきて開始しています...絶え間ない変化、期待を絶えず上昇レベル、時間の短く、短い期間の後に偉大な人、経営者、経営者などの発射：と私たちの惑星のように、あなたの組織があまりにも多くの人の圧力下であります　生きている歴史的遺産としての同社のコンテンツ自己破壊のための人類の傾向から、保存します。
今日で純粋な西洋人として私たちの体を世話するように私たちの組織を扱います。
個人として、我々は私たちが美しく、スマートで、若くて健康的に見えるようにするために、私たちの身体的外観に焦点を当てています。私たちスキンクリーム、ビタミン、エネルギードリンク、ダイエット、薬の使い方による美的介入、さらには永遠に若くて幸せで裕福な奇跡の製品を消費します。しかし、私たちが目に見える側面を磨く間、私たちは必ずしも幸せ、個人的なバランス、自己愛や内なる平和を見つけるとは限りません。健康な外見の皮膚内面の障

害と遅い灼熱の矛盾を隠します。時にはストレス、恐れ、過去の経験が否定できないことが、私たちの見た目にもかかわらず、内部から少しずつ私たちを破壊し続けます。

私たちは新しい会社と全く同じことをしてきました。私たちブランドの構築、価値の宣伝、会社の言葉遣いを使って、髪を華やかに磨き上げたり、パーティーのために服を着たりするような、外部を完全に磨いてきました。私たちコンサルティング会社に医師に行くようなビジネス上の問題を解決するように会社に助言するよう義務づけてきました。我々皺や陰を隠すために朝に潤いを与えたり補充したりするような現実よりも、企業をより良く見えるように才能ある金融機関に支払っています。私達はした

NVP　Mour アナグマ団体を維持すること「彼らが深く病気に襲われているかどうか」を、

完璧な "強迫観念よりも。あまりにも多くの時間を尋ねることによって、進歩が無限であることを信じることによって、私たちが危険な悪循環に陥る前に性能を復帰させることによって、私たちが再び改善できると想像してください。私たちは企業、人、プロジェクト、戦略などの生きた要素を破壊し、結果が再び改善されることを期待しています。しかし、「より良い」は単に存在しません。だから私たちは何千もの生き生きとした運転要素をゆっくりと殺すだけでなく、自分自身をより良く、より良くしています。最終的な結果として、この集団的誇大宣伝または集団的意欲の欠如コーポレート・ガバナンスの危機を信頼の終焉に導いた。ブッダ、ガンジー、グレイシーはどちらも「完璧なものにはならない」レースには入らない。それどころか。仏は彼の野心的な瞑想の 7 年間の期間が彼の目標に達する手段ではないことを理解した。ガンジー英国の帝国主義に反対するように、彼の民衆に決して何の大きさもないと確信したことはありません。グレイシーは自分自身を鍛えることはほとんどありませんが、代わりに、スイミング、ヨガなどを使って巧みにトレーニングします。

我々はしたいと思い、我々は我々が誰であるか、いた者間の恒久的な紛争における感情によって恐怖、を搭載した、矛盾に満ち、時には弱い、欲望のフル：NVP 管理我々は自分自身であるとしてお互いを参照するには招待状です 私たちはなるべき人、になることができる人であること。 継続でシステムの任意のプレーヤーを参照するには NVP 管理要求（企業、顧客、株主は）同じように、彼らは人間のグループを形成する個人である与えられました。 私たちは人間として私たち自身の限界を認めるまで、我々上記の悪循環を推進していきます。 聖書で神男性が彼と同じレベルに到達するために空に触れるために起立されたバベルの塔を破壊しました。 私たちはこの古い教訓を忘れてしまったようですね。

NVP マネジメントブッダ、ガンジー、グレイシーの平和で静かな、ゆっくりとした柔らかいスタイルが考慮されている新しい目で、会社のすべてが見られる管理です

ビジネスの期待と要求された更新との間の和解に役立つインスピレーションとして。

NVP マネージメントブッダ、ガンジー、グレイシーが完全に達成している間に、時には自分のためにしたように、ドアを組織の新しい次元に開くことができる部屋です。

植物、建物、人、製品、法案、契約などの物理的なものを含むあなたの会社がそれ以上のものだったらどうでしょうか？あなたの会社が、人間のグループとして、感情的または精神的な集団的次元を持っていたなら、どうでしょうか？あなたはすでにそれを考えましたか？あなたはそれを評価しましたか？その感情や信念は肯定的か否定的か？あなたはビジ

ネスで達成しようとしていることを好んでいますか？あなた
は知っていますか？もしそうでなければ、あなたは重要な点
を見逃しています。あなたの人々は労働者だけではありませ
ん。彼らは他の何よりも前に人間です。証拠として、彼らは
自分の体を適切に扱うことさえできません。それを平和な内
部の寺院にするために、彼らは時々留まる必要がありますが、
誰と同じように横たわっている外皮を作ることを熱望してい
ます。

人生の原則に従うことで、自己破壊への人間の傾向から、組
織内部での生活を保護するための手段です。

原則 N°2：心と知恵原理

　マインド夢、欲望、ファンタジーなどを含む、無意識の状
態に思考、理解、アイデアや想像力を網羅する意識の状態か
ら精神的な寸法に関するものです。
　知恵の原則自分自身を深く探究する非悪用の能力を指す原
則です。私たちはそれを、何かを意識しているマインドの能
力との関係のためにそう呼ぶ。
　文化的に西洋人として、私たちは内側よりも外側にありま
す。私たちは経験的な科学を発明しました。それは現象の観
察から始まります。ニュートン彼が木の下で休んでいる間、
彼の頭の上に落ちたリンゴによって目を覚ました。一度彼が
これを観察すると、科学者それがいつも同じように起こった
かどうかを調べるのに十分な時間、実験室でイベントを再現
しました。ニュートンは数回りんごを落とし、いつも同じよ
うに落ちたことに気づいた。検証されると、科学者は新しい
普遍的法律を確立することができます。ニュートン重力の法
則を実現しました。重力の法則地球の中心に向かってすべて
が不可逆的に引き寄せられています。

　その間、私たちは自分自身の内部を見ることはなく、イン
ディアンの人々、中国人などとは違って、一般的に内部を見
ないことによって失敗しました。

　NVP 管理地球上のほぼ半分の人仏教のように自分自身を
宣言し、外向いより内側にあることを考慮に入れます。 それ
巨大な広大な、無限の場合と同様に、仏のように、彼らは自
分自身の内部探検の時間を費やしています。 組織がより良い
自分自身に見なければならない積極的な退縮の賛成で
NVP 管理嘆願。

　企業あまりにも頻繁に、彼らは多くの場合、すでに内部の
持っているもために外に探しています。 私は次の話を教えて
くれた同僚を覚えています。 彼は一流のホームショッピング
会社のために働いていました。 彼らカタログ、ダイレクトメ
ールやコールセンターを通じて顧客に商品を販売するために
使用されます。 ある日、自宅ショップに新しい手段としての
インターネット同社の執行委員会の心の中に入りました。 有
名で高価なヘッドハンティング会社オンラインマーケティン
グの専門家の軍団を雇うに支援するために選ばれました。 彼
らは数ヶ月以内に募集されました。 最初の年、彼らはほぼコ
アビジネスの人々と話をしていない自分のオンラインマーケ
ティングをしました。 二年目、彼らは経営者によって圧迫さ
れていた一緒に仕事を学びました。 だから、コアビジネスの
人々が発見されました

　その上で、オンラインマーケティングは画面上や電子メー
ルでの伝統的なダイレクトマーケティングの赤緯ました。 オ
ンラインマーケティング担当者前任者から学んだ。 彼らの仕
事コアビジネスに溶解されているので、三年目にオンライン
マーケティング担当者の70%が会社を去りました。 ホーム
ショッピング会社単に心と知恵の原則に従うことができませ
んでした。 トップマネジメント組織内で見て、ラインのマー
ケティング担当者で最高のインターネット上でどのように彼
らのノウハウを辞退する伝統的なダイレクトマーケティング
担当者は準備ができていたが実現しませんでした。

　NVP 管理によって促進される知恵の原則常に彼らは都市のいくつかを買いに行く前に植えられた小麦を収穫するために、恒久的な積極的な退縮に企業を駆動しなければなりません。　小麦おそらくあなたの会社では休眠横たわっているも驚くべき数である：非利用のアイデアちょうど再びやる気しなければならない既存のチーム個々のポテンシャルなど素晴らしいドリームチームになるために

　　プロアクティブインボリューション

　ここでも、私たちの文化と教育心缶を強調し、当社の３次元を分離する傾向があり、２人を支配している必要があります。体と心を。　そうすることによって、我々は仏、ガンジーとグレイシーこのような結果を達成するために許可されたも自分自身を奪います。　　それはあなたの会社でも同じです。独身者

　心のアプローチ他の強みの組織を奪うことができます。

　予算のための単純なスプレッドシートのテンプレート多くの場合、任意のマネージャがというように、他の方法、代替案、建設的なブレークスルーとを想像し忘れながら、将来を表示する際に使用するウィンドウになります。

　あなたの心心によってあなたの会社の支配を強調するための リスクを処理するために、組織からあなたの会社のために 伝えることができるすべてのこと。 すべてあまりにも頻繁に マスター、コントロールのそれと同社の身体と心から来る他 の創造的なエネルギーを投獄。

　ギリシャの哲学者プラトンキリストの誕生の 4 世紀前から、 「自分がわからないことを知っている」と宣言しました。彼 は自分の限界を知っていました。 NVP マネージメント株主、 CEO、取締役会、マネージャーに彼らが到着した会社が彼ら が来る前に存在することがしばしばであったことを思い出さ せる「私が知らないことを知らない」と教えている。 「彼ら は知らないことを知らない」ことを覚えておくことで、すぐ に導入するために支払われたすぐに使える戦略を実行する前 に、既存の従業員の意見を聞くことができます。だから、彼 らはおそらくあらゆる種類の小麦を見つけるでしょう。マイ ンド・アンド・ウィズダムの原則に従った、新しく到着した CEO の例を挙げましょう。彼は綿のアパレルメーカーを経営 するために任命された。彼の主な課題人々に動機を与え、オ ファーを近代化し、新たな勢いを得ることでした。それは地 域の人々を完全に代表する古い会社でした。それは 20 世紀 半ばに事業を変えた 19 世紀の旧綿の製造業者であった。組 合は非常に強かった。人々はむしろ年齢が高く、個人的には 会社の歴史と過去の困難な時代に非常に敏感でした。さらに、 彼らは仕事を救い、祖父母が非常に勤勉だった地域の企業を 外部の資本の侵略から守るための戦いに精通していました。 彼が到着したとき、新しい

　CEO は会社設立に時間を要した

　実行委員会との積極的な退縮に。 それから彼誰もが地域 で綿の着色を習得最初の人として会社の話を発見しました。 彼はそこからランアップ、同社の人々を提供する、など綿の コダック、数十年のための先駆的な色、彼は勢いを持ってそ

の方法の一種として、市場よりも、その労働者の限り、会社を配置、その上に構築されました 彼らは不当に過小推定地域の企業のための彼らの舞台で、自分の祖父母の戦いを続けることができました。

収穫

知恵の原則に従うために組織の永続的な建設的な退縮を開始すると、無視忘れ、不用意それでも良い小麦を収穫する平均値です。

原則 N°3：ハートと調和原則
感情、感情、感情などをカバーする繊細な次元に対応しています。

ハーモニー原理あなたが想像する以上に内部の葛藤があなたを弱体化させる原則です。内部の平和は心の静けさに依存するので、私たちは心の次元でそれを提示します。

NVP マネジメント行動する前に社内の平和に達する組織の能力に注目しています。　NVP マネジメントによると、組

織内の平和を維持するための CEO やエグゼクティブ・コミ
ティーの仕事の一部です。アメリカの大統領が国の中で平和
を持つことになっているように。

　逆に、今日の企業部門、サービス、国家、国民、管理職、
指導者間の内部戦いの場です...彼自身が内部で口論していた
ならば、Rickson Gracie は伝説的な日本の武術芸術家と戦い
ましたか？彼の長いヨガセッション中に彼を助けるはずのチー
ムのメンバーが彼を妨害していた場合、または重要な試合
の数日前に彼を裏切った場合、彼は勝ったでしょうか？確か
にそうではありません！

　NVP 管理はあなたの最初の敵は常に自分自身であり、あ
なたの最も危険な敵があまりにも頻繁にあなたに近づいてい
ることをことを教示しています。　内部のものが強く激怒して
いる場合世界のすべての自信を持って偉大な指導者を取り、
彼らは任意の外部の戦いに勝つことはありません。　より多く
のあなたがあなたの組織内の内部平和の感覚を作成し、より
多くの可能性が高いあなたは強く、競合他社がコピーできな
い何かを作成することができることがあります。　それどころ
か、今日の企業は内部競争を推進しています。
　また、一般的な信念勝者が最良であることを信じるように
私たちを描きます。　NVP 管理は勝者が必ずしも最良のより
良い準備と訓練を受けていないことを思い出させてくれる。
マラソンのような非常に厳しいスポーツの例を見てみましょ
う。　最高の誰かが良いので、単により良い準備ができていな
い敗北することができます。　また、NVP 管理はさらに心臓
が道路に多大を占めていることを根底に行きます

　勝利へ。　同様に、ボクシングの試合では挑戦者が彼の心
に彼の根性の深さから、戦いに身の多くを置くことによって、
はるかに強い戦闘機に勝つことができます。　小さなバスケッ
トボールチームは絶対に正しい動機や意志のおかげで自分自

身を高架するために、任意の期待に対するより大きなものに
対して何十回も獲得しています。 このすべてが心と調和の原
理から来る内部の平和なしで起こらなかっただろう。

　私たち企業文化を発明しました。 我々値に収まるように
人々に尋ねました。 いくつかのケースで我々はそれを介して
それらを評価しました。 私たち人々がお互いを見て、その後、
彼らは同じように見えるので、彼らはお互いを愛する想像し
ました。 このすべてがはるかに心と調和原則で会社を従事か
らです。 それ彼らがユニークな人物としてあるもほとんどを
放棄すると、グループ、集団的規範や文化の内部で溶融する
ために人々を求めています。 その結果、我々はすべて失われ
ます。 豊かさの違いから来ています。 人、他の人との豊か
な可能性のある組み合わせのような複数の異なります。 より
多くの人々が少なく、彼らは潜在的にあなたを豊かにするこ
とができ、その一意性をあきらめます。 NVP 管理できるだ
け多くの人々の独自性、特異性、人格の発展を促進します。
課題それらの違いを超えて、平和を維持することです。

　ハーモニーの原則に続いて、組織は内部紛争を通じて自己
弱体化を回避します。

　NVP 管理の最初の 3 つの内部原則は生命原理、知恵の原
理と調和の原則です。 　身体、心と心：彼らはので、人間の
3 つの成分への密接な関係の内部原則を命名しています。

　人生の原理任意の生きている要素が恒久的に彼らの自己期
間を探していると、保護されなければならないそれによれば
1 です。 ただ絶え間なく休息と栄養のための自己酸素化物、
自己保護、自己管理、自己治癒や需要に働くボディとして。
知恵原理は深く自分自身を探求する私たちの非活用能力を指
すものです。 我々理由は何の意識する心の能力との関係を念
頭にリンクします。 ハーモニー原理任意の内部対立はあなた
に私たちも想像できるよりも多くを弱めるそれによれば原則

です。　内部の平和は心の静けさに依存するため、私たちは心の次元でそれを置きます。

組織に NVP　Management の最初の 3 つの内部原則を適用すること組織の無視された次元を解放し、積み重ねられた状態からよりエネルギッシュな状態へと進化させるようなものです。一緒に進化することによって、3 つの内部原則が互いに強化しています。生活の原則他の 2 つに酸素を供給します。知恵の原則他の 2 つの原則に焦点を当てるのに役立ちます。ハーモニー原則 2 つの他の原則に対する要求された平和を完全に進展させる。今日、私たちの組織のほとんど紙くずのようなものです。　　　　3 つの NVP マネジメントの内部原則を別々に使用することで、この折り目のついたボールを展開することで、最初のステップを実行します。折り目が残り、内部の財宝、予想外の可能性、眠りのある価値、隠された夢、人間の大きさを隠す、平らに折り目をつけた紙を得ます。

3 つの NVP マネジメントの内部原則を実践することで、あなたの組織のリニューアルを支援する休眠中の隠された秘密を明らかにするために、このペーパーを完全に展開し、拡張することで終わります。

2. NVP 管理の 4 つの外部原則

　私たち NVP 管理の最初の 3 つの内部の原則を見てきました。それは今、その 4 つの外部の原則を勉強する時間です。この章で NVP 管理の 4 以下の原則を提示しています。　水、空気、土と炎：彼らがあるため、世界の 4 要素との深い関係の外部原則として言及されています。

次のページにわたり、水は一定の適応の考え方に対応しています。　水全体の海を構成するだけでなく、液滴にすることができます。　水は常にそれを含んでいるも形にそれ自体が適応

します。 これ蒸発し、雨のように落ちる、氷になって、川のように流れ、移動し、停滞するが、常に自分自身を適応させます。 空気は無限、スペース、虚しさ、軽さ、プレトレ法無限の発見のための部屋、調査、クエストの欠如に関連する. ..地球は地面、問題、ニュートン魅力、体重、参照、塩基、道路、マイルストーンのポイント...火を意味します 変換、作成だけでなく、破壊、エネルギーや他の要素を変更する機能を表します。

私たちの物理学の背景に現代物理学の 3 父親によると、これらの四つの要素を分離する傾向がある：Copernic が、ニュートンやアインシュタインを、私達に 3 次元で構成される宇宙の表現を与える：スペース、時間と問題を。 しかし、再び、宇宙の四つの要素：水、空気、地球と火が互いに相互作用します。 だから、NVP 管理の 4 つの外部原則を解放仏、ガンジーとグレイシーがしたように彼らは静かな調和の中で進行させる、4 つの原則「ダイナミックアクションへの扉を開きます。

以下の模式図 4 つの要素が、よりエネルギッシュなホイール状態に共存状態から進化し、一緒に働くことによって得るどのくらいを示しています。 左側に 4 つの要素が明確に区別されます。 それぞれの重要性と、注文しただけでなく、私たちから見て、彼らは部分的に私たちの目からお互いを非表示にします。 右側に 4 つの要素があなたの会社は NVP 管理の 4 つの外部の原則に従うことによって利益を得ることができる方法を正確に、よりエネルギッシュな状態を作り出す、ローリングホイールとして静かなハーモニーで一緒に働いています。

仏、ガンジーとグレイシー動的な外部のいずれかに静的外部状態からこの動きを作りました。 彼らのように、より多くのあなたのアカウントに以下の 4 原則を取り、あなたの会社

で一緒に練習に入れて、より多くの非暴力主義の管理が劇的にあなたの組織の刷新を拡大していきます。
Managing Softly

NVP 管理]に互いの要素を非表示にするから

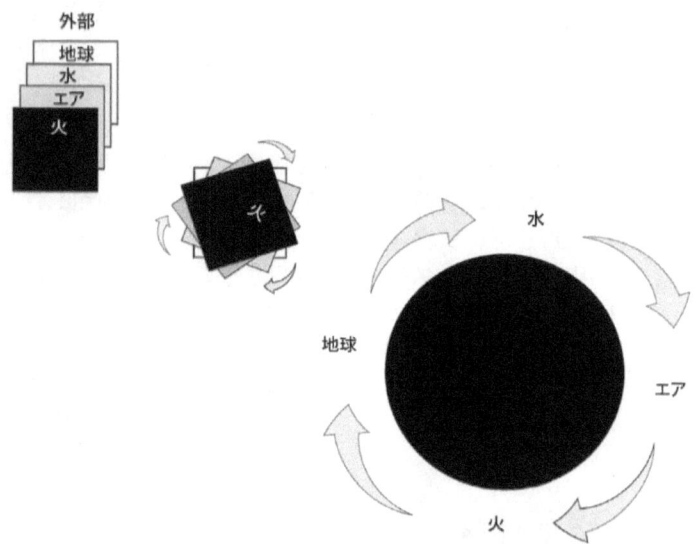

航空インフィニティ原則：原則 N は 4°しました

　空気は無限、スペース、虚しさ、軽さ、プレトレース方法の欠如、延々と発見、調査のための部屋、クエストに関し...
　我々は無限大原則としてどこにでも考えられている「可能性」の原則を呼び出します。　空気が空間と無限を象徴するので、私たちは空気にリンクします。
　無罪推定の法的原則に触発され、NVP 管理はの推定認めている態度や行動に有利」可能性を。 "

　再び、我々は共通の信念で囲まれており、私たちは過去の
フレームワークの囚人です。　私たちは 20 世紀の終わりに新
しい経済ブームと夢見として古いルールが消滅見てみたいで
す。　しかし、もっと私たちはより多くの私達が恐れていたよ
く知られている方式との違いを見て、戻って、最終的には初
期の企業をあきらめました。　私たちが向かって進化し、「そ
れは違うので、それは素晴らしいです " : "それは本当に違う、
戻ろう」熱狂から。　私たちは 20 世紀の終わりに新しい経済
に進出した方法でこのような態度の部分がありました。　ルイ
スとクラークトーマス・ジェファーソンからの固体と一定の
財政支援なしに環太平洋地域にオハイオ州から西部のアメリ
カの発見を達成しているだろうか? おそらくそうではありま
せん! しかし、彼らは心の「可能性」の推定を持つ人が主催
しました。

　企業として、空気と無限の原理に従う "可能"のディーラー
になる現代的な能力ホメオパシーの投資、絶え間ない出入り、
独特の処方という 3 つの有害な反応を引き起こします。

　ルイスとクラークの現代的なものに大きなビジネスを創出
するのに十分な手段を与えるのではなく、むしろ段階的な投
資をしています。それで、ビジネスクリエイター決済のため
に支払われる領域の限界に達するための十分なお金を持って
いません。だから彼らは彼らが見たも物語を家に戻します。
したがって、投資家はもう一度お金を払うが、すでに到達し
ている物理的な限度を上回る少量にする。その後、探検家た
ちは再び同じことを見てきたことを説明しています。時には
投資家が再び彼らにお金を贈りますが、まだ少量ですが、こ
れらの出入りは長く続きます。投資家はしばしば市場が存在
しないと結論づけて資金調達を中断させた。最初のケースで
投資家はワンショットでできる限り投資しており、大きな発
見が可能です。第二に、彼らはお金を失った。どちらの場合
も、誰もが失われます。

　並行して、原因より多くの乱流環境に、企業はより多くの投資に関する出入りのこのゲームをプレイしている、見通し、戦略、経営者、幹部や技術革新のボード。　しかし、いわゆる環境は自信を持って滞在し、それは多くの時間を必要とする場合でも、右のビジョンに基づいて、固体戦略を次のではなく、その動きを加速する私たちの組織によって移入されます。

　最後に、グローバルなビジネスの状況あまりにも頻繁にすべてがうまく行くか悪い起こっているその内部に全体として分析されます。　だから我々このようなコストの挿し木や病気の企業やビジネスにウォール街の制裁として裕福なものにユニークな処方箋を提供します。　最後に病気のものが硬化し、彼らは何も問題がなかったとき、彼らは薬をとっているので、裕福なものが病気になっている必要はありません。

　このすべて空気と無限大原則がどれだけ重要で明らかになりました。　仏を見てみると、ガンジーとグレイシーソリューションの一部です。　彼らがしたように、私たちは永久に内側と外側の両方を見ることを学ばなければなりません。　私たちは本当に夢これは以下と我々は自分自身に係合する準備ができているか、いない場合に心のどの状態で、ある人を発見するために、個人、チームや会社としてイントロスペクトする必要があります。　、革新的な新しいビジネスを立ち上げ、新たな企業に資金を提供することは宇宙征服のようなものです。　それはすべて未知のものを発見することです。　　　　7月、1969 年の 20 日、アポロ 11 号のミッション空気と無限大原則の用量なしで成功していないでしょう。　アポロ 11 号が成功や災害であるかどう地球上の誰も言うことができませんでした。　しかし、今回アメリカが内外の両方を深く見ていました。　実現するために内部の彼らはそれをしなければならなかったものでした。　外宇宙ロケットの打ち上げを準備し、月面上を歩くためにニール・アームストロングを有効にします。

無限大原則彼らが新たな視点から見ることができるので、可能性の新たな分野を発見する組織を支援します。

原則 N°5：水と流れる原理

水は永久的な適応の考え方に対応しています。　水全体の海を構成するだけでなく、液滴にすることができます。　水は常にそれを含んでいるも形にそれ自体が適応します。　これ蒸発し、雨のように落ちる、氷になって、川のように流れ、移動し、停滞するが、常に自分自身を適応させます。

私たち流れる原則を常に分離物事を結ぶ水と比較して、できるだけ多くの内部の事のように、物事の間があることを示し原理を名づけます。

したがって、NVP 管理ではなく、分離部品としてそれらを見て生体系を形成するもの、人、サービス、企業間の関係や相互作用の詳細に焦点を当てています。

私たちの会社私たちの体のようなものです。　彼ら意志、欲望、表現を獲得しようとするメモリ、恐怖、夢、感情、分析、感情、思考、感情アイデアに満ちています。　そして、私たちは私たちの会社のために私たち自身のために行うことは同じことを行います。　私たち脳が心と体がスコアの唯一の少数のノートを再生することができ、全体のことを画策しましょう。　この方法で我々は大きな価値の私たちの組織を奪います。　仏、ガンジーとグレイシーが共有する共通の秘密の一つ彼らの心、体と心が完全に同時に自分を表現させるために彼らの本能的な能力です。　彼らは明らかに矛盾するも 3 プロバイダに注文を入れますが、それらが調和エネルギッシュなホイールとして一緒に向けるようにする見ていません。

NVP 管理値がより多くの企業がその環境で織っているの相互作用の中に横たわっていることを教示しています。　会社

の脳が残りを支配するために管理している場合でも、それは
すぐに何も与えられた企業に君臨することになるシステム全
体のより多くの部分がはるかに大きい、より多くの相互に相
互浸透、外部の要素に依存しています。 会社を実行すると、
もう街を実行するのと同じようにではありませんが、循環そ
の内部を流れます。 ここで、コーポレート・ガバナンスのた
めの重要な課題です。 政治で従来の知恵ホワイトハウスの制
御における当事者通常、中間選挙で議会の議席を失うと言い
ます。 これ電力のバランスを維持するためにワシントン決し
て大統領彼は王のように振る舞うことができると信じている
ので、多くの権限を持たせない有権者の間で根強い願望を反
映することができます。 それだけで一つの国の中にあるので、
それは可能なままです。 しかし、どのように我々そのフロン
ティアもはや存在していない企業でも同じ結果を得ることが
できますか？

　NVP 管理によると、明日の管理すべての縁での管理につ
いてです。 改善の機会、ビジネス上の問題、値の面積株主、
人や顧客がお互いを満たす境界線上に、間にあります。
NVP 管理エネルギーが中心部から周辺部に移動したエネルギ
ッシュなセンターなどの企業を見ています。

　流れる原則に続いて、組織はより良い周辺関係に中心点か
ら移動する彼らの努力を割り当てます。

原則 N°6：地球とコンコーダンスの原則

　地球は地面、ニュートン魅力、重量、基準点、マーク、塩
基、道路、マイルストーンを意味します。

私たち原理適切なリズムを見つけることが最速であること
よりも重要であるそれによれば、一致の原則を呼び出します。
これ地球が銀河の残りの部分に合わせて自分自身を回ること
を考えると、地球にも関します。

仏、ガンジーとグレイシー非常に個人的な時間管理の例を
踏まえ、NVP 管理は経営の非常に中央と困難な部分の両方と
してリズムを考慮します。 最初であることによって、あなた
はあまりにも早く到着する危険性があります。 最後であるこ
とによって、あなたも遅刻危険性があります。 最後の数十年
にわたってビジネスの世界で行われている多くのものは間違
っていなかったのではなく

早すぎるか、あまりにも迅速に行います。 リズム感が欠
けていた。 アップルからのニュートン製品があまりにも早く
開始された数百人の中の 1 つの例です。

NVP 管理で株主や顧客なしでそれを行うことはできませ
ん与えられた、あなたが会社としてとにかくあまりにも速く
行くことができないと主張しています。 顧客が当初予想より
ももう少し時間が必要なので、大きな高速を得るために
Amazon.com の目的非常に迅速に製品ラインを拡大し、スロ
ーダウンされています。 あなたデルが行っているだけで、業
界のリーダーシップを通じて業界全体を変更することができ
ます。 誰もが同じ速度で実行するために多かれ少なかれ準備
ができている場合しかし、それは良い仕事します。 リングで
グレイシーは彼のリズムを課すことはありません。 それどこ
ろか彼は彼自身を適応させます。 相手が攻撃的である場合短
期間でたくさんのいろいろなものを意図し、グレイシーその
上に構築し、高速な勝利します。 彼の敵は彼の時間がかかる
場合グレイシーより多くの時間での勝利に到達するために彼
の遅いリズムに従います。 今回の世界はそれのために準備が

できていなかったので、仏は彼の精神的な順序の迅速な展開を想像もしませんでした。

人々の視野を広げることができ、長い遊牧民の期間のいずれかの種類の賛成で NVP 管理嘆願。

古代の年齢層で遊牧ユダヤ主義の部族が、彼らは別の遠くの都市を訪問し、よりそれぞれの信念の相対性を感じました。彼らビューの各点はそれだけ断片化されたビューを提供するため、各都市のそれぞれの神彼らが見たことがない全体の小包だった理解しました。 一神教：彼らは私たちはすべての一般的な団結の一部であったとユニークな神の原理を発明し、とにかく感じました。

もっとお互いの間や外部の企業、産業、文化から他の人とあなたの会社、サービス、チーム、人々の交換...もっとそれが地球と一直線になり、その成長を強調一致原則他の人からの長い濃縮から来ました。

一致の原則に続いて、あなたの組織はもっと良いもので中心としてリズムを検討します。

火とアイビー原則：原則 N は 7° しました

火変換、作成だけでなく、破壊、エネルギーや他の要素（水例えば蒸発によって空気になる）を変更する機能を表します。

私たちツタの原則を構築と破棄はとにかく分離できていた原理を呼び出します。 ツタそれがゆっくりとそれを殺す前に窒息ツリーのおかげで住んでいます。 火は死ぬ前に同様にそれを破壊ホイスト、それを養うログから発するのと同じように。

NVP 管理ツリーを殺す前にアイビーを特定する必要がある管理です。今日の企業侵略的ではない丈夫な植物が強い植物を破壊する例がたくさんあります。私たちチームメンバー

やチームリーダーの役割と責任という文脈でそれを頻繁に見ています。リーダーがツリーを表し、チームメンバーが小さな植物を表す例を考えてみましょう。まず、スタートアップのチーム作業チームチームリーダーによって毎日監督されます。第2に、最初のチームは数ヶ月後にチームリーダーが監督する以上のものを調整し、もはや日々の活動を監視しない過渡期になっています。第3に、作業チームは経験豊富なチームになり、チームリーダーはグループから削除され、単にチームの活動を監督するだけです。第4に、作業チームは成熟したものになり、チームリーダーは消えてしまいましたが、チームは自らの作業に完全な説明責任を持っています。この例でリーダーが効率的にリーダーの役割を果たして、代わりに木を植えることで、木がアイビーの能力を発揮して最終的に殺されるようになりました。

　NVP 管理で企業の美しい木々が明らかに無実の植物による破壊から保護されなければならないと思います。 ツタの好きな木は指導者、創造性の高い人、ニューカマー、目に見える可能性を秘めた若い労働者、有能な人材、オープンマインド人、アイデア、ソリューションです...ツタ古い個人、チーム、プロセス、思考パターン、習慣、規範、することができます 成功私たちはここに発明されていない症候群、まだ上の症候群を試してみましたが、、の囚人です。 最悪は最も創造的、想像力、熱狂的な人々があまりにも頻繁に最も賢明であり、保護を要求していることです。 言い換えれば、最高のアメリカの俳優の一つ彼がハリウッドはそれはあなたがハリウッドの中で生き残るためにスーパー賢明なので、あまりにも壊れやすいでなければならない驚異的な俳優に与えられた最高の俳優を持っていることはありません信じて説明すると、フランスのテレビで同じ、1 日に言いました ハードアリーナ。

NVP マネジメント混乱が組織内で治まることを思い起こさせます。企業内で起こっている人生のための闘い今まで想像していたほど肯定的ではないでしょう。

あなたの組織の進化誰の人生とまったく同じです。最初に、子供は赤ちゃんを殺して座席を取る。その後、10 代の子供は子供を取り除く。続いて、大人は十代の人を拒絶します。終了するに老人は大人に取って代わる。建設と破壊のアイデアは一緒に取られなければならない。

Buddha、Gandhi、Gracie によれば、子供が生きて 10 代の人と共存できるようにすると、大人と老人は皆自分自身の中で力とエネルギーの盛り上がりをします。私たちによれば、企業は同じプリズムを通して分析することができました。その結果、他人に置き換えられるものを恒久的に放棄する代わりに、企業はより強くなる可能性があります。既存の戦略の真髄を保つ新しい戦略を採用すること。近代化しながらも過去の最高を保つことによって、新入社員や最高齢者の新鮮なアイデアを聞くことによって、

アイビーの原則に従えば、あなたの組織はあらゆる種類の生命に内在する混乱から自分自身を守ります。

以下の 4 つの外部原則宇宙を構成する 4 つの要素との比較可能性のためにそのように命名されています。それらは無限の原理、流れの原理、一致の原理、そしてアイビーの原理です。

私たち無限大原則を、可能性がどこからでも考えられ、空間とみなされる空気は無限であるため、空気とリンクする原則と呼んでいます。私たち流れる原則を、流れている水と比べると、物事の間には物事と同じくらいのものがあると言っているものと定義しています。適切なリズムを見つけること

が最速のものよりも重要であるという原則を、コンコーダン
スの原理と名づけます。地球と惑星としての地球が銀河の残
りの部分に沿って自分自身の周りを回るということです。最
後に、アイビーの原則建設と破壊が不可分であるという原則
です。私達はそれを養うログから発散し、最終的にそれを破
壊するので、アイビーはそれを殺す前にゆっくりと窒息する
木のおかげで生きているので、それを火と関連付けます。

　一緒に進化において、4つの外部原則は互いに補強してい
ます。無限の原理他の三つの原則が可能である前提としてい
ます。流れる原則は他の3つをリンクします。一致原理は
3他の外部の原則を展開する中でリズムを見つけることがで
きます。ツタの原理永久的な危険から他の3を保護します。
　あなたの組織にNVP管理の以下の4つの外部の原則を適
用することは完全に3つの第1の内部原則として次の展開、
紙のアップしわくちゃボールをさせるに似ています。彼らは
一緒に仕事まかせ、あなたの会社葉になります。風が生成さ
れているため、任意の大嵐の海の最強の波はそれに到達する
ために管理することはありません

[68]　　バートランド・ジュベネット

この波によって常にそれを送信し、任意の危険からそれを遠
ざけます。

3. 非暴力主義経営のロードマップ

我々は 3 つの内部原則、生活の原則、知恵の原則、調和の原則を検討し、一緒に適用したとき、彼らは輪を形成することができる方法を理解しています。　私たちは 4 つの外部原則、無限原理、原則を流れる、一致原則、ツタの原理を学び、すべて一緒に練習に入れたとき、彼らは別のホイールを形成することができる方法を理解しています。

完全な NVP 管理のための 7 原則が完全に最良の結果を得るために従わなければならない近づきます。　次の図に示すように、両方の車輪が、我々は非暴力主義経営の陰と陽を呼ぶものを形成するために一緒に回っています。

非暴力主義経営のロードマップの形成

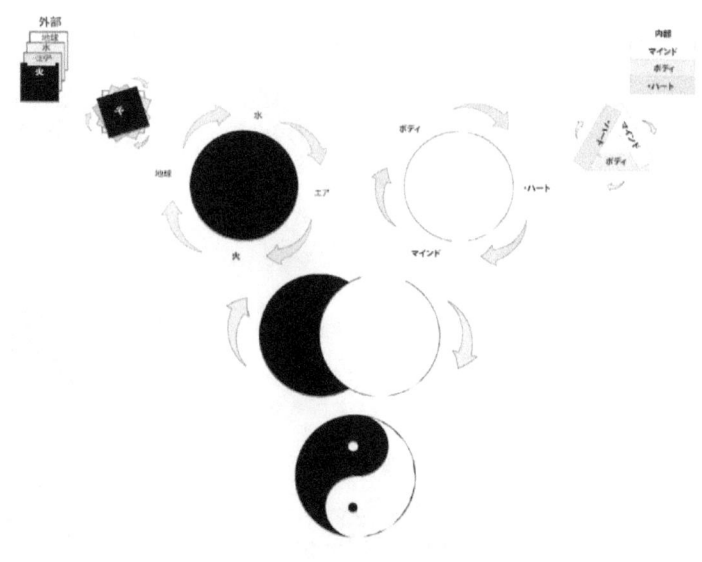

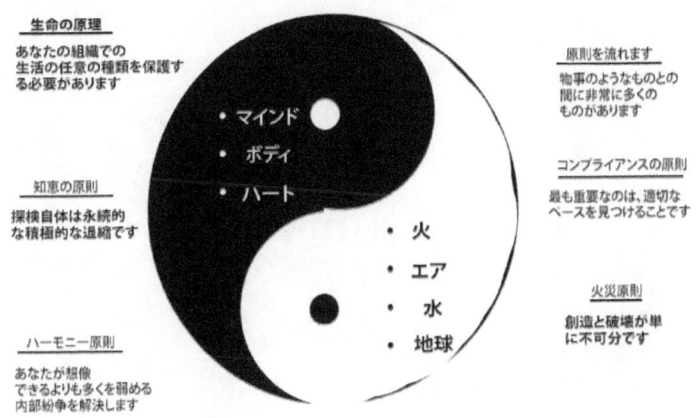

生命の原理
あなたの組織での
生活の任意の種類を保護す
る必要があります

原則を流れます
物事のようなものとの
間に非常に多くの
ものがあります

・マインド
・ボディ
・ハート

コンプライアンスの原則
最も重要なのは、適切な
ベースを見つけることです

知恵の原則
探検自体は永続的
な積極的な退縮です

・火
・エア
・水
・地球

火災原則
創造と破壊が単
に不可分です

ハーモニー原則
あなたが想像
できるよりも多くを弱める
内部紛争を解決します

したがって、あなたの NPV の管理のロードマップ通常のものとは異なり、次のようになります

それ線形、典型的なロードマップのようなシーケンシャルが、円形ではない与えられ異なります。

仏、ガンジーとグレイシーすべての最初の 3 つの内部の原則だけでなく、次の 4 つの外部の原則に従っています。 また、彼らは彼らが一緒に働かせました。 ここではそれらの共通の秘密があります。 さて、あなたの会社がこのソフトで深い精神的な息の後にその更新を準備する準備ができかもしれないのですか？ そうならば、それはあまりにも、私たちが呼吸している精神的な空気のうち深く、ゆっくりと息をページをめくるする時間です。

パート4：学習することは？
明日管理の仏、ガンジーとグレイシーから何を学びますか？

そっと管理

　本の最初の部分で、私たちそれぞれの生活、巨大な戦いと驚くほどの勝利を伝える、仏、ガンジー、グレイシーが長期化しています。　第二部で我々が同定され、その21共有される共通の秘密を研究してきました。　これら二つの第一の圧延円（パート1および2）に深くゆっくりと精神的な息を構成しています。

　その後、我々は前方にその原則をもたらし、新しい理論として、非暴力主義の管理の基礎を概説しました。

　NVP 管理を注入しなければならない、なぜ息アウトと説明への今の時間。

1. 潜在的な非のシックス時代

暴力原理輸液

その普遍的な性質を考えると、NVP 管理世界的なコーポレート・ガバナンスに小規模な組織の経営から、幅広いスケールに狭いから使用することができます。

今日の企業株主、人と顧客間のミーティングポイントです。　同様に、彼らはお金、技術、人、仕事、情報、知識、技術革新、進歩、商品、アイデア、値がお互いに振っされるときに通過する場所です。　だから我々我々が生きている世界において中心としてそれを考慮してください。　我々彼らが大規模に広がる前に、NVP 管理の可能な出発点であると考えている理由です。

この章で NVP 管理を注入し、理由をしなければならない場合に焦点を当てます。　その後、我々はしっかりとソフトのガイドラインを提供します。

株主、人々や顧客：NVP 管理はどのような企業の内部会議の
3 つの集団内に直接注入することができる次のパターンで表
示されるように。

NVP 管理注入のための最初の時代

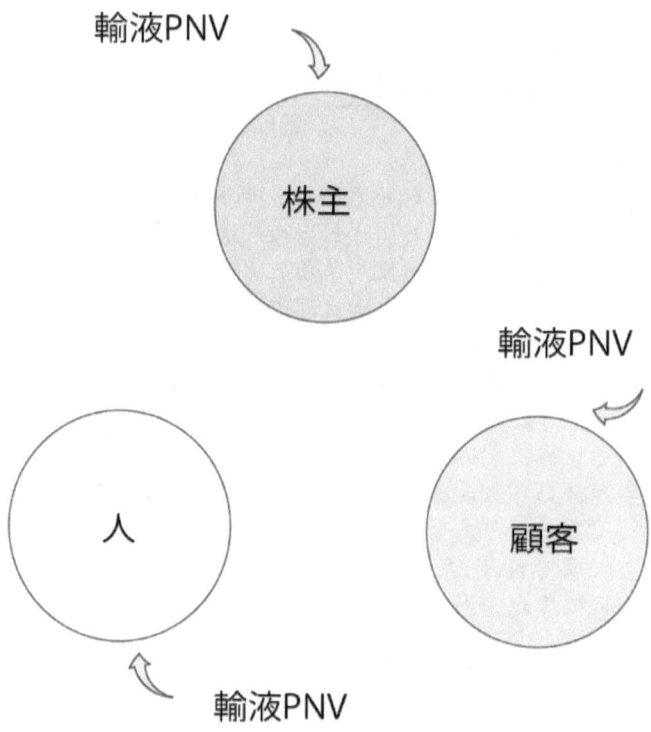

Managing Softly   [79]

　並行して、我々次の図に示すよう **NVP** 管理がこれら３つ
の集団の間で広げることができると考えます。

NVP 管理注入の第 2 の時代

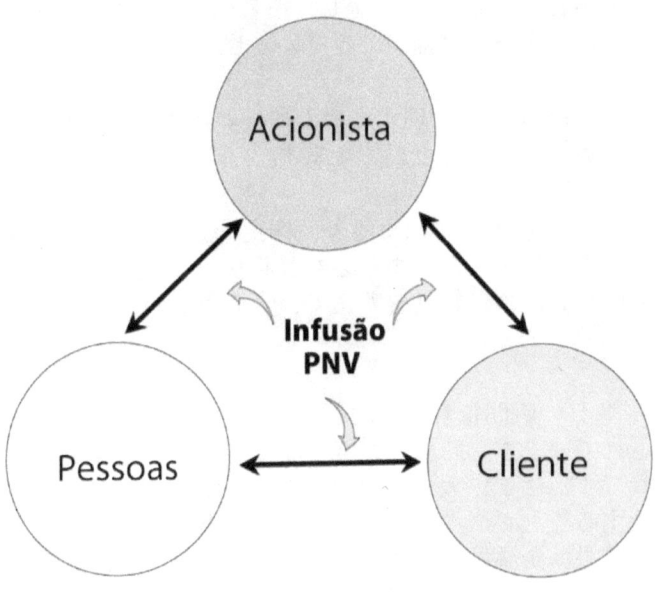

　注入用の領域の両方の家族：「内部領域」と「地域間」連
続して次のページの上に研究されています。

2. ノン暴力原理輸液
株主、人とお客様インサイド

株主：リアリズムへ戻ります

　株主前経済の世界で、このような積極的な役割を果たしたことがありません。　しかし、彼らはこのかなり新しい役割を担うのに十分な準備ができていませんでした。

　非暴力主義の管理すべての利益のために、彼らは異なって、この責任を負うことができます。

　非暴力主義経営によると、株主は３のアイデア以下の自分の将来の仕事を想定する必要があります任意の価格で速く行く停止し、再び経営を考えて、全く新しい光の中で時間を見て。

　今日の時間毎日の制約とスピードが重要な要素として認識されています。時間と速度の間に明らかな相関があるかのようです。ここに大きな誤解があります。今日のビジネスで成功することが成功の鍵となることはよく知られています。その結果、企業はますます多くの時間をかけて、より多くの株主に圧力をかけています。それは間違いです。

　私たちはよく知られているフランスのチーフ・クックから、うまくやっていることがうまくやっていないのは時間がかかりません。企業が改善したいのであれば、時間をかけずにすばやく行うことに努めるのではなく、毎時間内にうまくやる

ことに集中することから始めなければなりません。フランス
の料理で非常に美味しい食べ物珍しいものよりも作るのに時
間を必要としません。ビジネスで静かに建設的に顧客の問題
を解決することそれを避けるよりも多くの時間を要求して、
それに直面することを拒否し、クライアントが不平を保つの
をやめさせようとします。彼らは各作業時間内に数百の改善
の機会を失うだけです。

　　株主の役割ウォールストリートの影でも同様に研究されま
す。今日のウォールストリートあらゆる種類の約束、希望、
夢が定期的に出現しており、非常に速いがドライバーのない
強力なマシンに注ぐ場所です。ウォールストリートはビジネ
スのラスベガスか、企業が資金を提供できる市場ですか？再
び、「合理的に」夢を見る努力が株主によってなされなけれ
ばならない。お金を持っていても、責任を負うことはありま
せん。誰もが知っている限り、それは時々ジャックポットを
獲得するよりも 10 年以上毎日 1 ドルを獲得する方が良いで
す。さらに、株式市場への注意深い見方印象的な株式の伸び
が非常に長くかかることを明らかにし、ウォールストリート
の星は盛大な浮き沈みに比べて遅かった。昔、遅い移行を開
始したときに世界で最も優秀でなかった企業の中にアボッ
ト・ラボラトリーズ、サーキット・シティ、ファニー・メイ、
ジレット、キンバリー・クラーク、クローザー、ヌーコル、
フィリップ・モリス、ピットニー・ボウズ、ファーゴ...

　　徒経営科学や管理によって管理されているのであれば、そ
れは要求されることがあります。 トップマネージャーが少な
くなり、ビジネスを行っています。 彼らはより多くの彼らこ
の中で信じることが正しかった株主に証明する方法でビジネ
スを行うしようとしています

またはそのアイデア：ファブレスとなり、機敏になり、その結果、事業が行われている方法などを改革、組織内の全員が順番に独自のレポートで同じことを行う彼のレポートでそれを実現し、株主の入力を増幅されます。　そうです。　これは階層的に伝染性疾患のために立って **HTD** を現象呼び出します。　その結果、株主の声それはもう人と顧客を聞くことが困難になるように大声で、企業内のすべての耳に鳴っています。

非暴力主義の管理によって導かれ、株主は合理的に夢をと **HTD** 症候群の劇的な影響に対処するために、働いた時間ごとの改善のナノ機会の識別を促進することを学ぶ必要があります.

人々：自分に聞きます

ビジネスは人であり、それは言葉ではなど、征服するために任意のブルーカラー、ホワイトカラー、中間管理職、現在の顧客、新規顧客なしでは存在しなくなります：人々。

組織内部の非暴力主義の管理注入組織の更新の人々が関与することが要求されます。

これ 3 つの軸に基づいています。自分自身の 30 パーセントを超える使用し、砂時計のパラドックスに取り組む人々を奨励する条件を作成し、個人が自分で自分の組織内の自分の道を見つけてみましょう。

あまりにも多くの組織で過度の管理は過度に存在します。人々自分が何をしなければならないか、考えているか、時には価値を見出すべきかについて話されています。ゼネラルエレクトリック社の従業員全員が、仕事と個人の日常生活の両方に従うためのガイドラインと **GE** の価値観を集めた小冊子をポケットに入れています。ますます、今日の企業は内部的

に、協力者に向かって、外部で何をしているブランドが顧客に向かっているのか、

意味と価値の代わりに

仏教、**Gandhi**、**Gracie** のアプローチから学ぶ非暴力主義的管理企業が自らのリズムに沿って自分自身のリズムに沿って自分の道を見つけることを促し、彼ら自身の内面的な声を聞いて、自分自身のインスピレーションを聴いています。長いと遅い散歩短いしかし壮大なスプリントより多くのランニングを提供し、誰も無期限にとにかく続けることができません。少なくとも、自分自身と深く調和している人いつも外部の規範に恒久的に適応している人よりも、ますます良くなるでしょう。

このような「仕事で休息」、など今日のビジネスと明らかに互換性のない新しいアイデア「隔離スペース」、「回帰ルーム」インドのアーユルヴェーダ、太極拳は…人々を助けるための鍵である以上 30 を使用し、「ワークセッションで何もしません」 自分自身のパーセント。 実際に何があなたの人々からこれまでのところ不明強み、才能、ポテンシャルの出現を作成することができる誰かから以下の作業を求めている場合。 すべてのこれらのアイデアは仏、ガンジーとグレイシーの通常の慣行よりも何もありません。 グレイシーは体調についての私達に思い出させるために使用されるように：あなたが行使されたときに体が自分自身を強制されていませんが、あなたは休んでいるとき。

最後に、企業は砂時計のパラドックスに取り組むことを学ばなければなりません。 共通の信念に反して、我々はより多くの異なった 2 世紀前に住んでいる誰かよりのようなことをやっていません。 より正確に我々はより多くの異なった事をすることが、あまり姿勢でされています。 私たち飛行機での

旅行、音楽を聴く、サッカーの試合に参加し、テレビを見て、車などを駆動するが、非常に少数の位置を使用して：着席、アップを立って、下に置きます。二世紀前、男はよりもはるかに多くの姿勢と技術を使用して、さらに多くの彼の手で作業すると、彼の飲み物を作る、彼の馬を硬化させ、長い時間を歩いて刈り取り、耕起、野菜を収集し、ウェルにバケット、馬に乗りました　今日の男。　彼は私たちよりも多くの異なるものを行うことができました

　　行う。時間の経過とともに、私たちは現代の生活を楽しむことで能力の一部を失いつつあります。誰かが腰を下ろすなどの小学校の運動をしているときに、少し不快だったことはありませんでしたか？最悪のこと企業のポジションそれほど多くなくても個人の能力がそれほど多くなくても、ますます多くのことをできるように要求することです。これを砂時計のパラドックスと呼んでいます。砂時計の中で一回回るだけで、砂が消えて、それが起こっているとわからない小さな穴が消えます。最後に、砂を戻して砂時計の上部に戻すのは遅すぎる。アトラクションは一方通行でのみ機能します。砂時計が砂を失うにつれて、私たちは能力を消滅させ、それらを再学習する方法を知らない。

　　非暴力から学ぶ明日の組織人々のグループとして、共同作業者に自分の道を見つけさせ、自分自身の30％以上を使用し、砂時計のパラドックスに取り組むのを助ける条件を作り出さなければなりません。

お客様：それはライブしてみましょう

　お客様そのように、今日のように経験した、ので、緊急の
ため、プロアクティブなので、十分な情報に行ったことがあ
りません。

　顧客のコミュニティ内部の非暴力主義経営の用量を注入す
ると、それらの更新のための優れたグローバル経営の一部に
する方法です。

　この輸液の内容 3 つの要素のミックスです：、異なる別の
オファーを楽しむ双方向のフィードバックへの扉を開き、ミ
ラーなどの団体を見てください。

　若者は永遠ではありません。私たちは皆それを知っていま
す。しかし、顧客として我々はそれを忘れる。私たち企業に
幼児期、10 代年齢、成人向けのフードなど、私たちのような
ステップを持つライフサイクルがあることに留意していませ
ん。人生で子供、大人、または老人から同じことを期待して
いません。なぜ顧客は組織の前で同じように反応しないので
すか？彼らはどんな会社にも同等の緊急性を求めており、す
べての人のために常に変化を続けています。しかし、会社が
顧客に最初の日に数年間熱狂的な熱意を伝えることは明らか
ですが、それほど長くはありません。会社の協力者しばしば
最初にこう言います。「それは以前とは違う！以前はもっと
動機づけられていました。同じように、可能性のあるイノベ
ーションがすでに開始されている市場が衰退している高齢企
業もはや顧客として私たちを驚かせることはほとんどありま
せん。とにかく、私たちは緊急を要さず、他の人よりも優れ
ているかのように考えます。私たちの比較でニュアンスが足
りないのではないですか？

　会社を作成したり、新しい事業を立ち上げることを意図し
ている人それが起業家であることがいかに難しいかを知って
います。 彼らは同じように、人々は一方向にしかバックに供
給された発見する必要があります：問題、不履行製品なので、
上の遅延、不明瞭な広告やがある場合。 オファーはアイデア
は素晴らしかった 1、予想されたとき、それ働いていた時.

..非暴力主義の管理で顧客、パートナーへのブランドと人々の間の共通の努力互いの一部ではありません。

　　同じ静脈で嘆願ミラーゲームをプレイするために、顧客の努力のための非暴力主義の管理。　私達はちょうどあなたと私のような人々のグループとしての企業を見に管理していません。　私たち私たちが直面している一つ私たちの息子や叔父かもしれない自分自身に言うことはありません。　それどころか、私たちは私たちのオフィスはまだストレスを充填し、一度自宅で、疲れ、うんざりしたまま、私たちは私たち自身の仕事に、この自分自身を証明していないプロのホイストを笑顔にするにピザの配達の少年を期待しています。　私たちは私たちのような人のような他の労働者を見れば？　これ我々ミラーゲームを呼んでいます。　これ日常生活の改善を作成することができます。

　　顧客のコミュニティへの非暴力主義経営の注入ドアを開けますへ：再バランシングの二つの方法のフィードバックへの扉を開けるとミラーゲームをプレイし、顧客が別の企業を検討している方法を。

3. 株主、人とお客様との間の非暴力主義輸液

株主と人々：人々が資産よりもあります

　　株主は深く、人々彼らの目標を達成するために役立つの鍵であることを理解していると、彼らはより多くの彼らとカウントされます。

しかし、非暴力主義経営の注入は進化し、両者の関係を改善するために必要なままです。

だから、3 ガイドラインに従う必要があります。株主は企業の代わりに管理停止、コーポレート・ガバナンスのフィールドにそれらと民主主義の入り口のアイデアの両方の間に新たなトレードオフの定義。

株主は少なくなり、睡眠のパートナーです。 CEO や彼らのエグゼクティブ委員会は何の少なく所有者を感じているのに対し、彼らより多くのであり、より直接的に新しいビジネスコンセプト、戦略、事業単位のカット、ボードのメンバーなどを推進しています。 最も極端な例で株主でも最高経営責任者（CEO）をコーチになります人を選んでいます。 その結果、経営トップ従来のビジネスのものをオーバーレイ制約の新しいセットに囚人になってきています。 それは信頼の欠如、制御する必要性、会社のための重要な時間、ビジネスのための情熱から来ているかどうかは関係ありませんが、株主は会社を実行するために単独で人々を残すことを学ばなければなりません。

そのため、新たなトレードオフ自分が所有する企業の株主や人々の間で要求されています。 私たち熱心な火災に近い実際のものと比較してこの新たなトレードオフ残り火のトレードオフを呼び出します。 火はログを燃やすように現在、株主は自分の会社を消費しています。 彼らは点灯この火災は大きな炎や酷暑で、熱烈です。 しかし、火災のパラドックスそれが可能なレンダリング何破壊するという事実に残る：炎はそれによって養われているホイストログを破棄します。 非暴力主義の管理は燃えさしが、なされるべき時間を要する少ない輝く残り火のトレードオフモデルを支持して主張している理由です、遅い温まるが、長く持続し、時間をかけて継続性を保証します。

　少なくとも、コーポレート・ガバナンスに関する非暴力原則マネジメント株主と労働者の関係における民主主義のアイデアの注入を求めている。企業経営の芸術政治の芸術よりも新しいものです。私たちは政治学や経験から学ぶべきです。現代の民主主義からインスピレーションを得てコーポレートガバナンスを向上させることはどうでしょうか。デモクラシーを支える革新の数々コーポレート・ガバナンスの文脈で再利用することができます。人々が大きな戦略的決定に賛成か否かを決定させるために国民投票が実施された場合、どうなりますか？肯定的な結果は勢いをつけ、企業が成熟し準備を整えていることを確認するでしょう。否定的な結果は災害を避けることができます。電力原則のバランスが当社の内部でより解決された場合はどうでしょうか？米国の大統領であっても、議会を常に扱わなければならず、決して王として行動することはできません。私たちのビジネス組織の中に本当の反撃力があるのか、それとも相殺し合う力がありますか？はいの場合、効果的に彼の役割を果たすことができますか？どれだけの時間？企業内の平和を維持し、腸の喧嘩を決して終わらせないように弱体化するのを避けるために「警察の力」が創設された場合はどうでしょうか？警察が平和を保証し、地区、市、州の中で秩序を維持するのと同じように。

　彼らとコーポレート・ガバナンス内の民主主義注射のアイデアの両方の間の株主ではなく、企業の管理を停止し、燃えさしのトレードオフ設立：株主と人との関係 3 非暴力主義の管理のガイドラインに従うことによって改善することができます。

株主および顧客：あなたは同じ船に乗っています

　このような高収益性のレベルとして株主の関心顧客のものではありません。

しかし、彼らの両方が非暴力主義経営から学ぶ、より多くを得ることができます。

この取り組み3つの結果にドライブします：私-あまりにも態度の終わりを、利点も最高の位置や株主と顧客との間に新たなトレードオフにされていないキャッチ。

新技術のような革命が起こると、ウォールストリートはすぐにそれをエコーします。件名になります。誰もがケーキを食べたい。しかし、革命は誰もが同じように影響を与えているわけではありません。テレビが登場したとき、テレビで広告を出さなくてももうビジネスをすることはできないと主張する人もいました。今日は間違っていることが分かっています。食品、化粧品、娯楽などの業種でテレビ広告はほとんど必須です。ホームショッピングのようなものそれほど重要ではありません。同じように、インターネットが到着したとき、誰もが私の態度に入りました。ほとんどの企業利益を忘れて市場シェアを買うことはできませんでした。現実に戻って、彼らは最終的に顧客に言った：「まあ、あなたが何年も無料で使ってきた素晴らしいサービス今やお金を払うだろう！」彼ら片方の手でもう片方が与えたものを単に引退した。基本的なビジネスルールに勇敢に挑戦し、初めから無料サービスを提供している企業の中に挑戦者がいない間もまだ存在するものがあります。　Charles Schwab がその一例です。私のような態度新しいビジネスチャンスへの適切な答えではありません。ビジネスはバスケットボールのようなものです。もしあなたの選手が他のチームの選手にマークするだけであれば、それは得点にはならず、おそらく勝てないでしょう。

最初なので、最速、最上部に1つ必ずしもより良い位置を占めていません。　あなた自身の費用で他の人に教えています。あなたは最初の間違いをします。　その代金を支払う。　何をすべきか、そうとしないものを競合他社に表示します。　ビジ

ネスの世界ではよく見るが、より良い位置にあることが、成功を保証するものではないことが明らかになりました。 他の場所で、なぜ Apple は 80 年代にその進歩を与えられた PC 業界でナンバーワンになっていませんでした。 柔術からデッサン、非暴力主義の管理は地上で戦ったときに、より良い位置が共通の信念に反して上部の 1、ではないことを心に留めておくことができます。 jiujitsu 訓練の数ヵ月後にすべての開業医それが勝つために多くの機会を提供していますので、下の位置を探します。

ここでも、株主や顧客との間に新たなトレードオフが要求されています。 再び残り火のトレードオフモデルが解決策になることができます。 企業の収益性の制約を受け入れるお客様彼らがより良い素晴らしいが、耐えられないオファーを避ける自分自身にサービスを提供するのに役立ちます。 非暴力主義の管理顧客がより多くの株主に言うだろうそれによれば、この驚くべきアイデアを強調する：競争からとしては良いが、我慢ではないものを好むあまりにも偉大なオファーを拒否に「学校に戻ってください」。

私-あまりにも態度の終わり、最良の位置および株主と顧客との間に新たなトレードオフにされていないことの利点非暴力主義経営を通じて株主と顧客間の関係改善のためのキーです。

お客様と人：あなたは両方です

　より多くの顧客より多くの彼らはそれのために働いて他の人間に圧力をかけるために貢献している、企業から期待しています。
　非暴力主義経営の用量顧客や組織の人々との間に改善し、よりソフトな関係の条件を作成することができます。

　これらの関係の改善は 3 新しい姿勢から来る：作業をするための、しかし、あなたの顧客だけではなく、新たなトレードオフにオーバー販売の顧客と企業と入力との間の相互停止、あまりにも。

　企業とその顧客との関係のこの新しい種類が **over-**売り、それらの間の相互の最後にドアを開く必要があります。 何十年もの間、企業が自分のニーズに、より良い、より良い答えを求める顧客に結果を約束し続けてきました。 さあ、きれいにしましょう。 一方で、企業は年間の彼らの可能な限り最高のレベルに達しており、ほとんどより良い行いません。 今日、ほとんどの企業はとても良いです。 秒針に顧客がより多くの緊急の自分自身を宣言しています。 しかし、彼らは本当に彼らが求めるものを必要としますか？ それとも、彼らはよりよいそれらを提供するために、毎日多くを行う準備ができたブランド間のハード競争の利益を取りますか？ 私たち企業とその顧客との間の非暴力主義の管理は適切なバランスを見つけるためにそれらを助けることができると考えています。 また、より多くの企業顧客がビジネスを行う方法の一部であることができるようになる、より多くの彼ら彼らがすでにそれらを満たすために行っているどのくらい理解できるようになります.

　だから、企業と顧客との間に新たなトレードオフが要求されています。 再び残り火のトレードオフモデルが解決策になることができます。 顧客や企業からのより合理的な約束から、より合理的なニーズ二つの間の最適条件を維持することができます。 少なくとも、それ後者彼がとにかくすべてで使用を持っていない非作業製品の機能について不平を言っているブランドと顧客間の再発の問題を解決するだろう。 しかし、それは原則の問題であると主張し、文句キープ！

　非暴力主義の管理に基づいて、三つの新しい態度顧客や組織の人々の間の関係を改善し、柔らかくすることができます：作業のため、しかし、あなたの顧客だけではなく、顧客

と企業との間の相互過剰販売を停止しても新たなトレードオフに入ります。

パート5：トゥモロー
朝
トゥエンティワンシンプルなもの
非暴力主義を起動します
あなたの企業への管理

この本の最初の部分で、私たちそれぞれの生活、巨大な戦いと驚くほどの勝利を告げる、仏、ガンジー、グレイシーが長期化しています。　第二部で我々が同定され、その21共有される共通の秘密を研究してきました。　これらの最初の2の圧延円（パート1と2）が深く、ゆっくりと精神的な息を構成しています。

その後、我々は前方にその原則をもたらし、新しい理論として、非暴力主義経営の基礎を置きます。

その後、我々は NVP 管理が注入されるべきである占いを吐き出し始めました。

この深くゆっくりと息を継続するために、我々は今、あなたの組織に NVP 管理出現を開始するために 21 のアイデアを提供します。

1. 来月

求人の通信を停止するが、ビジネス上で通信会社が直面している発行

通常、私たちは組織内部の能力とリソースの不足を識別することができます。 だから我々は仕事をするのが最も適切であろうプロの種類を想像：オペレーションマネージャー、物流の専門家を、等だから私たちは仕事の開口部を検証します。 その後、我々は数ヶ月の期間にわたって応募者の軍団を満たす前に、ジョブ記述を書きますが、めったに私たちが本当に必要なものに対応していない人。 実際にこの古典的なプロセスのすべてのステップギャップを強調するために貢献しています。 これを回避するに仕事のオファーに通信を停止し、代わりにあなたの会社のビジネス上の問題に通信します。 アプローチを逆にする。 の訪問者はあなたが扱っているビジネス上の問題を発見するために提供されるであろうあなたのウェブサイトの専用のセキュアな部分を想像してみましょう。 彼はあなたについてのページを読むことができました

内部組織、あなたの市場、あなたの制約、あなたの手段現在

、あなたの会社が直面している本当の問題を説明する前：10

％顧客獲得コストを減らすか、20％のロイヤルティ率を増加

または5％いずれかの製品の材料の法案を減らしますか ブラ

ンドのリニューアルのための新しい通信軸は訪問者が、彼ア

イデアを実現し、提案行動計画を作成し、適切な部門にそれ

を送ることができるあなたのサイトの「ボード上に来て、「

スペースを入力するために提供されることになるなど、見つ

けます。 「この1つは私たちのために面白そう：一度仕事の

質に納得、この部門の人々が言って人材サービスに行くこと

ができます。 彼に会いましょう！

ゆっくりと組織内の強いものを破壊する小さいながらも丈夫

な植物を同定

　ツタの原則を覚えて、あなたの会社サイズが小さいため、
ほとんど見えない植物林と考えることができますが、丈夫劇
的最強の木を窒息することができます。
　今日の企業おそらく国家森林サービスから学ぶ必要があり
ます。 とにかく、彼らは重要な絶滅危惧種を同定する必要が
あります：リーダー、目に見える可能性のある、有能な人材、
オープンマインド人、アイデア、ソリューションと非常にク
リエイティブな人々、女性、新規参入、若年労働者...そして、
どのような種類のツタを捜すために：個人、 チームマネージ
ャ、プロセス、思考パターン、習慣、ルーチン、規範、旧成

功、ない症候群ここで発明さに圧力をかけ、すでに、業界の
一般的な考え方をシンドロームを試してみましたので、その
上に、前者を窒息します。

あなたが守りたいものを損傷することなく、丈夫な植物を処
理することは非常に困難である、フォレストの全く同じです。

したがって、基本的に絶滅危惧種の、あらゆる種類のツタの
インベントリを開始します。 一度行われ、国有林サービスの
ように、あなたの人々の意識を高めるためにシンプルだが絶
え間キャンペーンを開始。

女性だけのセッションの作成

男性と女性は同じように我々生物学的に異なっている与えら
れたとは思いません。 今日の組織で女性はほとんど使いませ
んし、それらが、感じ想像し、考える、男性はできないよう
な方法で作成することを可能にするものを強調表示すること
ができます。 彼らはあまりにも多く、このような男性指向の
ビジネスの分野で存在するだけで戦っています。

一方の企業が必死に新鮮なアイデアを探しているで顧客ニー
ズの感覚、ハイタッチはようにハイテクとのバランスをとり
ます。 解決策その壁の間にある：女性のグループは唯一のプ
ロジェクトで作業するために、並行して、任命された女性だ
けのセッションを作成します。

インスタント女性の自由企業の条件を作成することにより、
予期しないアイディア、調査結果と結果を得ることができま
す。

　跨線橋今日の人々の評価ツール

人的資源管理で達成巨大な進歩人々の査定や評価ツールの
何千もの出現につながっています。 企業は "サヴァン"フレー
ムワークやモデルの後ろに避難を取ることによって、その人
の評価アプローチの合理化、より多くのです。

しかし、どちらも仏、ガンジーやグレイシーそれらのツー
ルのいずれかと合いそう。 彼らはあまりにも遠く、平均から
です。 代わりに、人々に評価ツールをさせるの今日のマネー
ジャーは他の人間に自分の心を補うために自分自身を聞くた
めに再学習する必要があり、話します。

あなたの会社の内部で収穫時のコンテストを起動します
あなたの会社はすでに数年前に植えられていた市内の小麦
を購入しないようにするに内部の「小麦」を見つけるための
あなたの人々の内側に報酬を収穫時期コンテストを起動

[96]ベルトラン Jouvenot

2ヶ月未満で会社。 あなたの壁の間に眠っている隠された、
忘れられた偉大なことの数で驚かれることでしょう。 小麦お
そらく非、アイデア製品コンセプトあきらめのプロジェクト
中断されたプロジェクト中に開発された技術革新特許預金の
機会個々の才能未読の調査非雇っ非常に要求されたプロファ
イル素晴らしいアイデア顧客から、意図された可能性のパー
トナーがあなたに連絡するために利用されています あなたの
販売の人々のための人々のネットワークからキーの連絡先な
ど

このアイデア新たに到着した最高経営責任者（**CEO**）のために特に関連します。 それは彼が、彼はほとんどそうでなければ得なかったであろう正の要素の数百を明らかに役立つだろう。

オープン値がすべてに窓を追加しました

みんなちょうど会社に到着し、誰かが新鮮な目で見るので、簡単に新鮮なアイデアを持っているであろうことを知っています。 この期間は一般的に短い彼は思考の一般的な方法に溶けるように人はすぐに彼の新しい目を失う与えられています。

だから、永久に開いた値があれば、彼らは新しい目で来るように、友人の会社から、プロバイダから、他の産業から、あなたの会社の外から人を含め、すべてに窓を追加しました。 誰もが創造知っていて、影響を与える人がアイデアを共有する準備が整いました。 あなたの人々が体系的にセッションを作業、ブレーンストーミング、任意の内部会議の前に尋ねるようになりますあなたの会社での反射を作成し、ワークショップ：「私たちは外から人を招待した場合、私たちは個室の外に彼の新鮮な目のおかげだと思い何をするのに役立ちます誰が？」

外部付加価値の人々のネットワークを作成します。 それを管理する。 それらの人々新しい血であなたの会社を **floud** ください。 あなたの人々をやる気にさせるための機会となって社内の各基本的なイベント、アイデアを見つけるに外の内側ではなく、アウトサイドインからだと思います。 最悪の場合、あなたは自由のためのアイデアを取得します。 せいぜい、あなたがのために募集する次の位置のためのマッチングプロファイルを識別します。

あなたのビジネスにあなたの最高の顧客を関連付けます

会社の最高のスポンサー従業員か顧客のどちらかです。

　あなたのビジネスについてより積極的に言葉を出す顧客顧客であるためあなたの会社をよく知っている人です。同様に、あなたの会社をよく知っている従業員小売店訪問、顧客サービスの呼び出し、ホットラインの話、製品のテスト、製品の購入など、顧客の靴に定期的に身を置く人々です。成功したビジネスのためのあなたの最高の味方顧客と従業員が混在しています。したがって、最高のスポンサーの小さな部分、つまり従業員だけを築いています。

　あなたのスポンサー顧客をあなたの会社開発に関連付けます。彼らはあなたのために働いており、あなたはそれらをほとんど無視しています。彼らはあなたを愛し、何のためにも非常に効果的なバズで広告します。あなたのブランドを社内から昇進させ、Amazon.com のようなアフィリエイトプログラムを立ち上げ、報酬を与え、意思決定に関与させる人たちを雇うために、まず彼らをターゲットにしてください。時間.

2. 次の年

溶融計画を起動します

　統合計画は多くの企業で多数存在します。彼ら新しい従業員が会社の統合と理解を向上させるために、古い従業員の多くを満たすようにすることから成ります。

　並行して、組織に提供しなければならないさまざまな事柄のために、多くの新しいコーナーが選ばれています。しかし、その統合計画をよく見てみると、間もなくこの違いが出現す

ることを完全に禁じられていることが分かります。それどころか、新社員自分自身をよりよく統合するために、そこでどのように動作するかを理解したいと熱望しています。彼は可能な限り短時間で自分自身を紹介し、相手を聞くことを好みます。彼らの側で会社の従業員は公式な企業のスピーチを行い、自分自身、チーム、部門、および彼らの製品について、慎重に言葉を選んで通常のことを伝えています。一旦完成すると、統合計画従業員の群衆の中ですでにすでに溶け込んだ新しい人を歓迎するのに効果的に貢献しましたが、彼が出てくる会社から学んだ人は誰もいませんでした。

プロセスを逆転させ、溶融計画を起動します。 市場分析はどこで行われている：私たち溶融計画従業員が彼を歓迎するために新たに到着した従業員を満たすために求められているだけでなく、彼に物事が彼から来ていることを会社で行われている方法についての質問をする計画を呼び出しますか？ 製品のマーケティング部門や販売・マーケティング部門の？ どうして？ それは何をカバーしていたのですか？ ベンチマーク競争の担当は誰でしたか？　主要な業績指標はどれですか？ 顧客獲得コストは何でしたか？　解約率は何でしたか？　等々。

このように、保存された新しい従業員が持って来ることになっていた濃縮し、彼は彼が感謝し、統合された、期待歓迎役立つ発見リスニングのハイレベル。

　　被あまりにも執着を停止

　両方とも、フルタイムの仕事であれば、両方とも仕事をしてキャリアを築くことは不可能だと誰もが認めています。

　それにもかかわらず、私たちがキャリアオリエンテッドであればあるほど、私たちがターゲットとしているポジションに似たポジションを持つ人のように見えるようになります。私たちは過度の態度に陥ります。モデルと同じスポーツをしたり、同じ場所に頻繁に出たり、同じ服を着たり、同じように行動したりします。私たちが彼らに報いる栄誉と栄誉によって補完されるリーダーの巨大な宣伝彼らのようになる意志を加速させます。しかし、それは二重の間違いを生みます。それ誰かになるための不均衡な努力と、昨日の指導者が今日の問題に合うという信念です。実際、昨日のリーダーの必要な資質は明日のものではありません。最近の政治史はこの誤解を完全に強調している。米国の大統領になりたい人ジミー・カーターのようなテレビカメラの前で、この分野で初めて優れていなければなりません。そして、ジョージ・ワシントンおそらく今日選出されることはないでしょう。
あなたの潜在的な指導者が指導者の新しい世代を発明し、独自の方法を見つけ、彼らは伝統的なモデルを越えて行かなければならないことを理解するのに役立ちます。　仏、ガンジーとグレイシーについてのそれらを教えてください。

　幸福のプロモーターになるためにあなたのマネージャーを訓練

　事故、物理的な病気、ハードワークに起因する身体疾患を患っている産業革命の人々の間。　今日のコンピュータ産業機械に取って代わったと青のカラーはホワイトカラーよりも少ない多数です。　作業のこの新しい方法に関連するただし、新しい結果が表示されるようになりました。　ストレス、燃え尽きおよび心理的な疾患日常作業の生活の一部となっています。

　最悪これらの負の影響があるため、それらの遅い効果ですぐに感じることはより困難であるということです。 場合によって本人または同僚がそれを検出しない場合もあります。

　この新しい幸福を受け入れるように管理者を訓練することはあっても、ビジネスと明らかに互換性がない場合、そのチームのメンバー手段：専用スペースでの作業に残り、「仕事で何もしない」セッション、隔離スペース、回帰ルーム、アーユルヴェーダ

　インドのマッサージ、太極拳、ヨガ…
彼らはハード日の仕事から疲れているので、同時に、彼らはそれを必要と知って、彼らに仕事でそれを行うための心理的、物理的な空気を提供しながら、与えられた人一度戻って自宅で事を行うことはありません。

統合についてのあなたの心を変更

　誰かを募集主要な関心事の一つ組織にうまく統合するために彼または彼女の確率についてです。 一般的に、新人は会社の文化、管理の種類について説明を受けてきた、道の人々彼らは物事を行う方法と、それらの動作方法です。 しかし、根本的な問題である：現在の従業員彼を認める、彼を受け入れる彼の正当性のいずれかの種類を認識し、能力、価値が追加されました。

　いずれの指標で統合が成功かどうかのすべての責任新たに到着した人の手中にあります。 今度は反対の方向から考えてみましょう。 　あなたの現在の人々は本当に寛容いますか？オープンマインド？ 違いを歓迎する準備ができていますか？さまざまな人々との意見、経験やアイデアのポイントに直面でチェック！ そうならば、会社はどんな新人の効果的な統合に関するいかなる懸念を持っていないでしょう。 よく来る人の多く開始時に任意の正常に見える違いにもかかわらず、誰かを統合することができます。

寛容な人々を持っていることが必要を行います。 など、あなたがそれらを選択するように、あなたが内部的にそれらを促進し、あなたが評価するより多くのあなたより多くのあなたが豊かに同化組織を持つことになり、それを主張します。

NPV 主要指標を測定します

古典的な個人や集団 IQ（知能商）と EQ（感情的な商）を超え商の二つの新しい世代が確立されなければなりません。

商世代の間では：私たち第一世代を呼び出します。 このような IQ や EQ などの既存の商を収集するが、薬剤（個人、チーム、サービスなど）間の相互作用に適用します。 例えば 2 人（個人レベル）または 2 チーム（集団レベル）との間の相互のチーム関係における知能のレベルとの間の個人間の関係の知性のレベルを測定する IQ の間で。

NVP 商生成：私たち第二世代と呼んでいます。 それ組織への浸透の NVP 管理のレベルを測定する際に手助け 4 非常に新しい商が含まれています。 彼らは HQ（ハーベスト商）、TQ（公差商）、AIQ（アンチアイビー商）と WBQ（ウェルビーイング商）です。

そっと管理

HQ（ハーベスト商）非利用睡眠物事（アイデア、才能、開発残り物、寝ドライバなど）TQ（公差商）新入社員の（受け入れから許容範囲のレベルを提供して回収するため、退縮のための能力を測定します 例えば他の産業）。 AIQ（Antilvy 商）はツタが組織内で成長させないようにすることができます。そして WBQ（ウェルビーイング商）ウェルビーイングの状態に滞在する能力を測定します。 これら 4 つの新しい商個々のレベル（管理者、従業員）で、集団レベル（チーム、

サービス、事業単位、組織全体）で使用することができます。

あなたの組織に賢人を持っています

メンター、コーチ、トレーナー、その他のヘルパー作業現場
で私たちによく知られています。しかし、人々の個人的な問
題、疑問、意味の探求は表面的ではありません。彼らは深く
から来る。第一世代のヘルパーが良いことをしたとしても、
別の方法で行く必要があります。

彼らが望むときに人々が会うことができるあなたの組織にセ
イジや賢人をいれてください。アリストテレス、プラトン、
ソクラテスなどのギリシャの哲学者の意味での賢者。会話を
楽しんだり、日々の問題に焦点を当てたり、人間の指向的な
、アクセス可能な、関わりのある、毎日の問題から人々を引
き出し、問題に向かって立ち直るのを助けます。医者のよう
に、それらの賢者彼または彼らが人々から聞いたことを完全
に秘密に保つでしょう。場合によって従業員自身が賃金や給
与を支払うことさえできます。

中立的な平和的な心にいつでも自由に、公然と話すことがで

きる自由職場でのより良い生活に貢献します。

組織内の団体の創造と活動を促進する

　人々はしばしば関連のあらゆる種類のメンバーです。
　これらの団体の任務あなたの組織に注入する必要が
NVP 管理に沿ったもので、時々あります。　いくつか地区の
内側など女性、個人の自由、精神的なランアップ、平和の権
利を擁護しています。
　より多くのあなたより多くのあなたがあなたの NVP 管理
十字軍のための同盟国を取得するあなたの会社の内部だけで
なく、選択アソシエーションの作成と行動を推進しています。
会社の経営トップ国家のトップマネジメントのようなものです。
す。　彼はサポーター、中性または団体の増殖に対戦相手であ
ることを選択することができます。　とにかく、それらをサポ
ートすることにより、彼は潜在的なパートナーのウェブを織
ります。　市内でのように、最高のそれを達成するために、町
議会を支援している団体目標はそれから最も支持を得る
人々であるです。すべての利益のために描きます。
　同様に、類似のダイナミック今日の組織で実施することが
できます。

そっと管理

３．次の数十年

　内部の平和を維持するためにメディエーターを募集

同社都市のようなものです。 人々、チーム、サービス、ビジネスユニット多かれ少なかれ隣接しています。 内部対立が頻繁にあり、多くの場合、ノーリターンのポイントに達する悪い状況を作成することができます。 これこれらの困難を可能にする人間の本性です。 圧力はそれらを強調する。 内部競争がそれらを強調する。 管理者外交的に、これらの有害な状況を解決するために武装する必要があります。

中立紛争の専門家フレンドリーな溶液中で共通の関心を共有する人々の間で情熱的な争いを解決するために助けることができる都市のように、平和を維持するためにメディエータを雇います。 フルタイムメディエーターは要求されません。誰かが週に１日を来るまたは中性優しさをもたらすために、外部の良好な相互作用を達成するためにあなたの会社内の内部の平和に貢献することが少ない以上。 シニア非常によくあなたの会社を知っている退職に近い人、またはあなたの業界は完全に適切である可能性があります。

雇用のアプローチを逆に

すべての企業最初の内部または外部から人々を一致させるために探して前にジョブを定義します。

そうすることによって、彼らは偉大な人を雇うの自分自身を奪います。

あなたが考えている方法を逆にします。 可能な識別偉大な人々についてどのような最初雇います。 その後、彼らが第二、に興味があるか、彼らが誰であるかに応じてジョブの説明を記述します。

伝統的なアプローチで理想的に想像すると、あなたはそれがしたいように現実を見ない：誰もが完全にあなたが着想したボックスに入っていません。 逆のアプローチでまず、それらのための理想的な組織を想像する内部または組織外偉大な人々を識別します。

すべての企業は生き残るために進化しなければなりません。より多くのあなたより多くの組織がビジネスがその時点で行われなければならない方法で行になりますエポックの最高の人材を誘致することを学びます。

ベビーシッター症候群を殺します

あなたは1日に何年もの作成に貢献している問題を解決するために、誰かに頼むことができます。
それにもかかわらず、あなたの会社ではあまりにも多くの人々これらの横行の問題を解決するように求められます。
"だから、私たちの素敵なトム9時以降テレビを見てはならないコークスを飲んではいけませんし、30回連続分以上のビデオゲームをプレイしてはならない：彼らは親が出る前に土曜日の夜と言う人にベビーシッターのように感じます 彼らは彼が気まぐれであるとすると、すべての週彼にすべてを許可しているのに対し、しかし、「読まなければなりません。 でも手ごわい場合ベビーシッター両親がひどく長すぎるために彼を育ててきたが1夜でよく子供を育てるために管理することはありません。
ベビーシッター症候群を殺します。 代わりにあなたの人々を尋ねます
　そっと管理

　　昔から発信さの問題を解決するために、行く上にあるものを特定し、手遅れにまだない場合にそれに取り組みます。　むしろそうでないままであり、制度になるであろう問題に直面し、取り組むないより理解するために学ぶ：不適切な習慣を、物事が行われている方法で、デフォルト値を、他の人を作るための方法を原価計算など

　　個々の付加価値の分析を越えて移動し、インター付加価値の概念を採用

　　付加価値の概念今日のビジネスの中心です。　人々はしばしば、個々の付加価値に応じて語られています。

　　インター付加価値：しかし、あまりにも多くの個々の付加価値に着目し、同じように重要な何かを忘れて私たちをリード。　私たちは他人の個々の付加価値に対する個々の寄与間付加価値を呼び出します。　個々の **addedvalue** のコンセプト人物の位置へのリンクであり、この位置の内側彼の付加価値について伝えます。**interadded** 値の概念が出現することや同僚の付加価値を高めること、トリガー内の個々の寄与を調べます。

人々が相互により寄与することができます

関係、相互演劇、彼らはそれらの位置に区画された場合よりも、間にスペース。　いくつかのサッカー選手やベースボールの選手は偉大な個々の選手のように見えるが、勝つための必須ですしないでください。　彼らチームの精神を築く人々、すべてが、ほぼにわたって良好なショットのための道を開くために、ブロック相手プレイヤーを検索する際のキープレイヤーを再後押しすることができます。　彼らは非常に良いインター付加価値ではなく、偉大な個々の付加価値を持っています。

個々の付加価値分析を超えて、かなりあなたの人々を評価する間、付加価値の概念を採用しています。　作業より多くの人々が、パートナーが、どのように、場所、瞬間を知っているとの相互作用を意味し、それはビジネスの世界に役立つだろう。

ワークガード姿勢を設定します

私たちボディガードを参考に作業ガードを書きます。 ボディーガード誰かを守るためにあります。 ワーク・ガード態度が革新するだろう、人々の仕事、貢献を保護するために、アイデア、などであります

今日の企業で非常に多くの個人間の紛争、争い、一部の人の作品は表現を獲得しない競争より強力な人々によってダウンを実行され、内部競争のノイズによって消音さがあります。

ワークガード態度は他人の作品を保護し、すべての利益に組織内で聞こえるように彼らを助けるために NVP 管理志向の人々によって採用されたものです。   あなたの会社に workguard 態度を設定します。

　米国の大統領職のためのようにキャンペーンのタスクフォースを作成します。
　どの組織のトップに到達するのも簡単なことではありません。偉大な CEO でさえそれを見つけるのは難しいです。彼らは最高で、どこからでも高い期待に応えなければなりません。彼らはすぐに大企業を経営しています。何千人もの従業員が組織のあらゆるところですべてを知っていると想像しながら、株主は正しい選択をしたかどうかを待っています。
　CEO とホワイトハウスの候補者を比較しましょう。候補者彼が選出された数カ月間、実際のキャンペーンタスクフォースによって高い支持を得ています。少数の意思決定者によって短くリストアップされている CEO ではない。一旦働くと、米国の大統領は自由に、自分の必要に応じて任務部隊員を任命することができます。　CEO は同じことをすることができますが、マヌーバのマージンはわずかです。わずか数年後、大統領は任務部隊を再調整したり、新しい選挙のために

新しい部隊を作ったりしなければならない。まだそこにいる
場合、CEO は持っていません。
　CEO の役職候補のタスクフォースが、事前に定められた
ルールに従って社内で公式にキャンペーンを行うことができ
ない場合
　　そっと管理

あなたの会社が、決定プロセスにおける最高経営責任者
　（CEO）と関連付ける人々をサポートしています。仕事を取
る前に、会社の人々によって採用された最高経営責任者
　（CEO）成功の最高のチャンスを持っています。

民主主義のツールのパワーを使用してください

　民主主義のツールは単純です。　どのような国民投票につ
いて、人々は質問に yes または no をする必要が投票？　国民
投票の開始のために特定の政治的方向性を有する集団契約を
検証するための基本的なツールです。応答が成功したら、彼
は彼の人々は彼がに許可された指定された行動するための適
切な位置にあります。
　「あなたはあなたの国はヨーロッパで入力してもよろしい
ですか？」：欧州で欧州経済共同体のすべての国が、それぞ
れの集団を依頼する住民投票を組織しました。　人々が投票し
ていないか、yes と答えました。　イエスの答えが過半数を得
た国で、大統領は民主的正当性のおかげで行動する勢いを得
ました。　これ例えば、フランスとドイツのケースでした。
何の答えがリードを持っていない国で英国のように、大統領
は勢いを取得し、欧州経済共同で彼の国の潜在的な入り口を
遅延させませんでした。
　同じ考えに続いて、あなたの戦略的な方向性と一致してい
る人々を保護するために、組織内部の投票を起動します。　国
政票に反して、あなたは電子的にそれを行うと、大部分が行
動するために必要な必要性はない行うことができます。　誰も

が、ほとんどの人が積極的に抵抗するしないため、従業員の人口のコミットされ、熱狂的な 25 パーセント彼らと一緒に、組織全体を掃引することができることを知っています。 キー前のルールの人々に知らせるためです。 住民投票を経て、取締役会対象となる変化を受け入れるために、従業員の人口の準備状況を検証することができます。

二の次ビジネス向きに、例えば子会社スケールで、少量でアイデアを開始します。

そして、大きなでそれを断ります。

そっと管理

結論

最初の部分で、私たちそれぞれの生活、巨大な戦いと驚くほどの勝利を伝える、仏、ガンジー、グレイシーが長期化しています。 第二部で我々が同定され、その 21 共有される共通の秘密を研究してきました。 これら二つの第一の圧延円（パート 1 および 2）に深くゆっくりと精神的な息を構成しています。

その後、我々は前方にその原則を来て、新しい理論として、非暴力主義経営の基礎を置きます。

その後、我々はどこで、なぜ NVP 管理を注入する必要があります言って吐き出し始めました。 この深くゆっくりと息を継続するために、我々はどのような組織への NVP 管理者の出現を開始するために 21 のアイデアを提供しました。

したがって、我々は通常、管理分野で研究が、さらに印象的なものとは非常に異なる3新しい指導者、から始まりました。

初めてのために我々は仏、ガンジーとグレイシーが共通に持っているものを明らかにし、彼らにそのように研究しました。これ通常の指導者たちは非常に異なるようにそれらを示す異常な豊かさを生成しました。

[112]ベルトラン Jouvenot

全く新しい経営モデルを提案しました。　それも、このような世界的なコーポレート・ガバナンスなどの広い規模で使用することができます。　それは明日のための固体と構造としての地位を明らかにしました。

HTD 症候群、砂時計パラドックス、ミラーゲーム、エンバートレードオフ、BE-に姿勢、アイビー原則、女性のみセッション、ハーベストタイムコンテスト、ナノの機会：終了するに新しい概念の多く第4および第5の部分に浮上しています、付加価値の Windows、計画を溶融、マネージャーウェルビーイングプロモーター、NVP 主要指標、商世代の間で NVP 商世代、HQ（ハーベスト商）、TQ（公差商）、AIQ（アンチアイビー商）、WBQ（ ウェルビーイング商）、ベビーシッター症候群、インター付加価値、ワーク・ガードの姿勢.

思考の新しい領域が発見され、継続のために提供されていました。　本は考え、ビジネスの世界の両方の新しい方法への

道を開き、新たなビジネストピックに関する研究します。 私たちによると、NVP 管理の 7 原則拡張研究や思考のための興味深い出発点です。

　本を通して、思考の私達の方法線形ではなく、円形推移しています。 だから、読者の便宜のために、順次計画にもかかわらず、この本の 5 つの部分それぞれが次の 1、前者によって供給された各 1 栄養、5 転がり円として進展しています。

私たちは最初、深くゆっくりと精神的な息を休みました

　そっと管理

　NVP 管理を理解し、深くゆっくりと精神的な息を配信する瞬間。

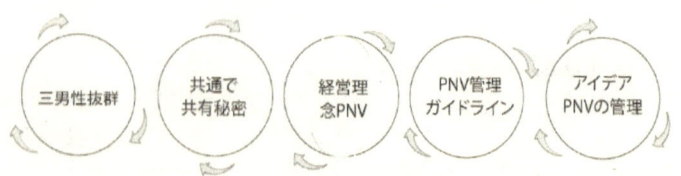

　あなたは NVP 管理の基礎をなすヒューマニズムに同意する場合のベスト必要に応じて何回更新に貢献するよう、何度も何度も、ゆっくりと出て息にあります.

　何この本は実際に対処する私たちが働き、明日一緒に住むことになる方法です。

文学とマテリアル

図書

仏で

時間。 Arvon、仏教（p.u.f.、1951）。

A。仏（フィリップ・Lebaud エディタ、1985）以下のバー、。

E. H.ブリュースター、仏陀ゴータマの寿命（テイラーアンドフランシス書籍は株式会社、1956）。

電子。コンツェ、仏教。 ICT をガソリンと開発（宝冠の図書株式会社、1999）。

メートル。クマーラスワーミー、仏（コレア、1924）の考え。

A.のフーシェ、ブッダの生涯（パイヨ、1949）。

B.ゴスワミ、Lalitavistara（アジア協会、2001）。

r を。ギュイヨン、仏教アンソロジー（グラム。CRES、1924）。

K。モルガン、仏（Motilal　Banarsidass パブ、1997 年）のパス。

P。ラクシュミ Narasu、仏教のガソリン（kahinath Meshram、2002）。

時間。オルデンベルク、仏：彼の人生、彼の教え、彼の順序（巡礼者出版、2000 年）。

J。パンツ、仏：涅槃（roli を＆ジャンセン、2002 年）に誕生。

メートル。ペルシェロン、仏と仏教（しきい値版、1956）。

L. Silburn、仏教の源（Fayard、1997）。

E.　　　　J.トーマス、仏の生命：伝説や歴史など（Motilal Banarsidass 出版社、1997 年）。

氏 Wijayaratna、仏の説教（ハート、1988）。

メートル。 Wijayaratna、仏の哲学（知恵のエディション、1995）。

我々ガンジー

c.f.アンドリュース、マハトマ・ガンジーの思想（マクミラン、1930）。

J。どけ、メートル。　　K。ガンジー、南アフリカ共和国（ガネサン、1919）でインドの愛国者。

M. K.ガンジー、真実と私の実験の話（Navajivan 出版社、2002 年）。

M. K.ガンジー、南アフリカのサチャグラハ（Navajivan 出版社、2002）。

M. K.ガンジー、刑務所の経験（Navajivan 出版社、2002 年）。

M.　　K.ガンジー、ハインドスワラジ（Navajivan 出版社、2002 年）。

M. K.百インド製のあたりガンジー百（Navajivan 出版社、2002 年）。

M.　　　　　　　　　K.ガンジー、建設的計画：その意味と Place（Navajivan 出版社、2002 年）。

M. K.ガンジー、平和と戦争で非暴力（Navajivan 出版社、2002 年）。

M. K.ガンジー、政府（Navajivan 出版社、2002 年）とガンジーの対応。

M. K. yeravada のマンディール（Navajivan 出版社、2002 年）からガンジー、。

M. K.ガンジー、自己拘束 V。自己耽溺（Navajivan 出版社、2002 年）。

M. K.ガンジー、デリーの日記（Navajivan 出版社、2002 年）。

M. K.ガンジー、国民の声（Navajivan 出版社、2002 年）。

MkKk ガンジー、その後健康、（若返り出版社、2002 年）。

MkKk ガンジー、コーディの経済学（Navjivan 出版社、2002 年）。

MkKk ガンジー、スピーチとのマハトマ・ガンジー（Nateson、1933 年）の著作。

R.グレッグ、手紡糸布の経済部（ガネサン、1928）。

R.グレッグ、非暴力の力（ニューヨーク Faeloship 出版、1944 年）。

S.ホサイン、ガンジー。セインツはステーツマン会社（Suttonhuse、1937）でした。

HkSkL ポラック、HkNk Brelsford、主 Pethick-ローレンス、マハトマ・ガンジー（の UDM プレス、1948 年）。

MkGk ポロック、MRK ガンジーは、心（ジョージ・アレン、1931 年）でした。

M. Pyarelal、マハトマ・ガンジー。最終フェーズ、（若返り出版社、1956 年）。

S. Radhakrisnan、マハトマ・ガンジー。エッセイや彼の人生と仕事の考察（ジョージ・アレン、1939）。

R.ロラン、マハトマ・ガンジーは、胡主席との心だった Bekme　One ユニバーサルビーイング（Ruppa&付け、2002）でした。

S.サルマは、ガンジー Sustras（GkSk プレス、1938 年）でした。

M. Sood 氏、救世主のガンジー平和（ローリー&人口、2002）。

G.テンデュルカー、マハトマ。モハンダス・カラムチャンド・ガンジーの生活（インドは否定的な報道、1951 から 1958 時間でした）。

I. Yagnik、MRK ガンジー偽 Knov 雪（INDIA プレスの提唱、1933）。

GRAI と柔術に Rikson

柔術（見えない都市プレス、2003）マスタリング J.ダナハー、レンゾ GRAI、。

R.グレイシー、R.グレイシー、J.ダナハー、ブラジリアン柔術：提出 Grppling テクニック（見えない都市プレス、2003 年）。 C.嘉納、チュ柔術（Buyu 書籍＆出版、1999 年）。

JkJk マチャド、C. Peligro、ブラジリアン柔術の黒帯のテクニック（見えない都市プレス、2003 年）。

R.マチャド、ブラジル柔術は（見えない都市プレス、2003 年）の本質でした。

C. Peligro は、GRAI 大人は以下の通りであった：世界男子最大の武道家芸術家のイラスト履歴（見えない都市プレス、2003 年）。

S ビジネス、経営、戦略、およびリーダーシップ Orgniztions

V.ベニス、21 世紀協会（1997）。

C.ブランチャードと J.スペンサー、1 分間マネージャー（ウィローブックス、1983 年）。

ボストン・コンサルティング・グループの戦略の視点（ジョン・合併・アンド・サンズ、1998）。

J. Boyett と J. Boyett、マスターガイド：除外最高のアイデアは、トップマネジメントの思想家（ジョン・合併・アンド・サンズ、1998 年）でした。   A.ブランデンブルグ、B. Nalebuff、共同 Opetishn：マインド Tht に Revolusnri Kombines 競争と共同 Opetishn（Doubledy、1997）。

世界最大のマネージャーは、2 を逆にどのような異なる（サイモン＆シュスター、1999）：M.バッキンガムと C.コフマンは、まず、すべてのルールを破ります。

J.コリンズ、グッド、グレート：なぜ一部の企業は飛躍を...とその他ドゥ N'ti（Hrpersollins、2001）。

インターネット時刻に M. Cusumano、Kmpeting：Netscape とマイクロソフトとの戦い（フリープレス、2000 年）からの教訓。

P.ドラッカー、エッセンシャルドラッカー：経営上のピーター・ドラッカーのエッセンシャル執筆（HarperBusiness、2003）の 60 年のベスト。

R. Gesteland、異文化ビジネス行動：マーケティング、文化を超えて交渉と管理（Munksgaard 国際出版社、1999 年）。

Barlett と Ghoshal、国境を越えての管理（ハーバード・ビジネス・スクールプレス、2002 年）

D. Goleman、エモーショナルインテリジェンス：なぜそれは IQ（ブルームズベリー、1995）よりももっとマターすることができます。

D. Goleman、エモーショナル・インテリジェンスを使用した作業（バンタム、2000）。

D. Goleman（紹介）事業内容：究極の資源™（ペルセウス出版、2002 年）。

革命をリード G. Hammel、：どのように生命の道（プルーム、2002）イノベーションを行うことで、激動の時代に繁栄し。

氏ハンマー、アジェンダ：すべてのビジネスは（スリーリバーズプレス、2003 年）十年を支配するために何をしなければなりませんか。

氏クァク、D. Yoffie、柔道の戦略：あなたの利点（ハーバード・ビジネス・スクールプレス、2003 年）にあなたの競合他社の強さを回します。

氏マクルーハン、エッセンシャル・マクルーハン（基本ブックス、2000 年）。

我々は仕事のやり方を変える R.メレディス Beldin、
（ButterworthHeinemann 1999）。

J.マクスウェルとジグ・ジグラー、リーダーシップの 21 個
の動かぬ法（トーマス・ネルソン、1998）。

H.ミンツバーグ戦略プロセス：コンセプト、コンテキスト、
例（プレンティスホール、1995）

G.ムーア、断層線上に生きる：インターネットの時代
（HarperBusiness 出版社、2002 年）における株主価値のため
に管理します。

接続された職場での建物企業文化（ワイリー、2000）：P.
Neuhauser、R.と K.ベンダーストロンバーグ、Culture.com。

T.ピーターズ、解放マネジメント（アトラン、1992）。

R.スレーターと V.ロンバルディ、ジャック・ウェルチと
GE の道：管理洞察と伝説の CEO のリーダーシップの秘密
（マグロウヒル、2000 年）。

R.スレーター、GE ウェイ Fieldbook：企業革命のためのジ
ャック・ウェルチのバトル計画（マグロウヒル、1999 年）。

F.ウィンスローテイラー、科学的管理の原則（ドーヴァー
出版、1998 年）。

氏トレーシー、市場リーダーの規律：あなたの市場（ペル
セウス出版、1995 年）を支配する、あなたの焦点を絞る、あ
なたの顧客を選択してください。

文化、歴史、社会、哲学と宗教上の

S.アールストロム、アメリカの人々の宗教史（エール大学
出版、1974 年）。

G.ルイス・ボルヘスは、仏教（ガリマール、2001）とは何
ですか。

C.ダーウィン、種の起源（グラマシー、1995）。

T.ジェファーソン、ジェファーソン：彼自身の言葉で男
（スターウッドパブ、1993）。

T.ジェファーソン、トーマス・ジェファーソンの人生と選択された著作（近代図書館、1998）。

A.ケリー、Z.ハービソン、アメリカの憲法。その起源と開発（W. W.ノートン＆カンパニー、1983）。

C.レヴィ=ストロース、マルセル・モース(ラウトレッジ、2001 年)の仕事の紹介。

C.レヴィ=ストロースは、見て、聞いて、(基本ブックス、1997 年)をお読みください。

アジアの氏 Mourre、宗教と哲学（ラウンドテーブル 1998）。

D.サヴィル Muzzey、私たちの国の歴史（1946）。

H.スペンサー、第一原理（パシフィック大学プレス、2002）。

H.スペンサー、社会学の研究（シカゴ大学出版局、1974 年）。

アメリカの A.デ・トクヴィル、民主主義（シグネット、2001）。

A.トインビー、歴史の研究（オックスフォード・プレス、1987）。

A.トインビー、人類と母なる地球：世界の物語の歴史（オックスフォード・プレス、1976 年）。

氏ウェーバー、インドの宗教：ヒンドゥー教と仏教（ローリエブックス社、2000）の社会学。

ビデオ

バーリトゥードジャパンオープン 94 : ファイティング選手権 I（タイガーアイプロダクション、1994）。

バーリトゥードジャパンオープン 95 : 選手権 II（タイガーアイプロダクション、1995）ファイティング。

バーリトゥードジャパンオープン 96 : 選手権 III（タイガーアイプロダクション、1996）ファイティング。

プライド I（タイガーアイプロダクション、1997）。

プライド IV（タイガーアイプロダクション、1999）。

コロシアム 2000 ヒクソン・グレイシー対船木誠勝（タイガーアイプロダクション、2000）。

ヒクソン・グレイシー : チョーク（タイガーアイプロダクション、2000）。

グッズ

T.ヘスター、「サムライのリターン、"格闘技マスターズ（1995 年 1 月）。

S. Neklia、空手カンフー「ダイヤモンド研磨ヒクソン・グレイシー」（1997 年 10 月）。

G.ウォーカー、「ヒクソン・グレイシーインタビュー「フルコンタクト（1994 年 12 月）。

R.ヤング、「ヒクソン・グレイシー : 神話の後ろの男 "コンバットマガジン（1997 年 2 月）。

の主要なサイト

仏の道で

Askoa 本殿、サールナート、インド
考古学博物館、サールナート、インド
アラハバード、ネパール、インド
ベナレス、ウッタル・プラデーシュ、インド
ベナレスヒンドゥー教大学、ベナレス、インド
ブッダガヤ、ビハール州、ネパール
ディアパーク、サールナート、インド
Dhamekh ストゥーパ、サールナート、インド
カピラバストゥ、ビハール州、ネパール
クシナガラ、ウッタル・プラデーシュ、インド
ルンビニ、ネパール、インド
ブッダガヤの大菩提寺、ビハール州、ネパール
Shravasti、ネパール、インド

ガンジー」の手順で

ダンディ、グジャラート州、インド
アーメダバード、グジャラート州、インドのガンジーアシュラム
ガンジー博物館、デリー、インド
グジャラート州、インド